U0007300

長線投資
獲利金律

Common Stocks
As Long Term Investments

股神巴菲特讚譽，
啟發所有投資人的世紀經典

艾德加‧羅倫斯‧史密斯 著
Edgar Lawrence Smith

吳書榆 譯

Contents

Chapter 1

長線獲利的價值思維

33

散戶投資人是否可能因此受到不當影響，忽略他們身為散戶的投資目的是為了替未來或後代創造實質財富，而不是追逐變動的價值符號？

推薦序
見證財富長期穩健增長的力量

Jenny

「JC財經觀點」版主

投資股票市場，透過國家的經濟與企業的獲利成長為投資人帶來最豐厚的報酬已經不是假設，而是真確的事實。尤其自金融危機後政府的極度寬鬆，低利率環境造就市場資金蜂擁而至，推升主要資產的價格持續上漲。過去的一美元相比於現在的一美元來看微不足道，倘若沒有將資金進行高效的配置，幾乎沒有人可以追得上商品與服務價格的上揚，負擔得起當前的消費水準。

2009年以來標普五百指數每年創造了15％的年化報酬，相比於二十年期美國公債每年僅創造了4％的報酬來看，不投資絕對如同指數投資之父約翰‧柏

格所說：將會一無所有。積極型投資人懂得聰明地承擔風險，為自己帶來報酬，而保守投資人則希望可以維持本金的安全性，但最基本的考量是除了保有本金，產生的報酬應該追上通膨，不讓購買力被侵蝕才是真正的安全。

　　本書則用了許多案例來討論企業普通股與投資級債券之間的差異，顛覆過去市場上對於股票與債券的普遍認知。一般認為股票是投機型資產，有相當高的機率在買入後股價下跌而造成虧損，反觀債券是保守型資產，除了穩定的利息收入外，只要持有到期便可拿回本金，想要安穩獲利最好避開股票，投向債券懷抱。

　　事實是否真是如此，投資債券難道毫無風險嗎？持有債券的三大風險包括通貨膨脹、利率上揚與發行債券的企業信用狀況改變。通貨膨脹侵蝕購買力、利率上揚壓抑債券價格走勢，讓債券收益無法勝過股票。除此之外，2020年的疫情危機讓許多企業營運停滯、資金斷鏈，這段期間無法支付債息而破產的企業不在少數，多少債券持有人因此蒙受鉅額虧損，這是一般人在投資債券前常常忽略的問題。

　　當公司的債券是安全的債券時，股票也會是安全的股票，這是因為在買入公司債券或是股票前，都應確定長期營運是正向成長，創造持續的現金流入來支應債息與股息支出。在做任何投資之前，都應該了解該項資產的特性，並且衡量風險與報酬之間的比值，決定將資金配置在哪一項資產上最有利可圖。

　　普通股作為長期投資的選項，在哪個部分更具優勢？巴菲特在2019年的致股東信中也引用了艾德加·羅倫斯·史密斯寫的《長線投資獲利金律》這本書，來討論企業成長中至關重要的因素——保留盈餘。

　　保留盈餘在企業的成長中扮演的角色，就如同一般人在可支配所得中扮演的角色一樣，在扣除必要支出後能留下來的有多少，另外則是留下來的盈餘如何配置？有些企業會將資金用於支付股息，在美股中更盛行的是回購自家股票，讓財報上的盈餘數字看起來更美觀，但是當企業正處於高速成長階段，你會發現這些公司通常會把賺來的盈餘持續投資。

　　也許有些人會說：「我可以把這些股息收入拿去做更有效率的配置，所以公司應該先配給我。」但是，

請你回憶一下當初你買入這間公司的理由？你是因為什麼原因買入公司的股票？我想原因一定是你相信這間公司的未來成長，甚至相信這間公司的管理者可以帶領公司邁向卓越，但是現在卻與當初的想法自相矛盾。

經濟學大師凱因斯也贊同史密斯的論點：「管理良好的企業不會把所有的盈餘分配給股東，而是應該在生意好的年頭將保留盈餘持續進行投入，如果分配得宜，這家公司的資產會以複利成長，為股東創造的價值絕對大幅高於股息收益。」

一家公司之所以可以穩定向前，甚至讓飛輪持續轉動，開創出新的成長機會，都是因為不耽戀於眼前的成功，而是放眼於更大的未來。比爾·蓋茲也曾經說過：「我們總是高估未來兩年會發生的改變，低估了未來十年將發生的改變。」當我們將目光專注於眼前的股息收入時，卻忽略的這些錢在公司可以產生的複利效應。

波克夏海瑟威公司也是一間不配發股息的公司，因為巴菲特認為：「蒙格和我長期以來一直專注於有效地利用保留盈餘，透過持續的收購與投資來創造盈

餘成長。」如果把自己當作比爾蓋茲、巴菲特等偉大的企業家，用一個經營者的角度去檢視公司，你看重的是更長遠的未來而不是短期的利潤，以及這家公司是否擁有創造價值與存續價值的能力。

　　讓公司每保留的一美元盈餘，可以創造至少一美元的市值。當前美股中的科技巨頭或是市場上最關注的高成長股也都具有同樣特質，也是這些公司股價可以持續上漲的動力來源。投資美股多年，我在選擇理想的投資標的時，設定的條件也是這家公司具有穩健的護城河，擁有優異的獲利能力，並能夠在未來一段時間賺取優於同業的盈餘表現，享受到股價上漲的美好結果。

　　雖然本書年分已久，但我認為書中的內容仍值得一讀，讓讀者理解投資與投機之間的差異，用正確的態度來面對自己所持有的投資組合，在不同資產間進行比較與取捨，找到最適合自己的資產配置方式才能抱緊持股，讓財富長期穩健增長。

以嚴謹的驗證精神，洞悉投資迷思

Mr.Market 市場先生
財經作家

　　這是一本出版於 1924 年的著作，著作完成時機點正好在大蕭條之前不久，也是股神巴菲特出生之前的一段時間。

　　當時時代背景與今天有很大的差異，與今天科技股蓬勃發展不同，當年最熱門的投資標的之一是工業股票，鐵路股則在不久之前剛剛經歷泡沫破裂，當時黃金價格也尚未與美元脫鉤，你可以用固定的美元換到黃金，當年人們也不是靠電腦上網取得最新報價，想分散投資沒有 ETF 可以用，想查到財報資料可能需要去從一些出版物上尋找，且財務會計制度也不如今天完備。

因此在那個時代，股票仍然被視為是非常投機性的行為，當時人們做投資更流行於有確定利息報酬的債券，而不是股票。在那時期十年期美國國債利率大約位於4％到5％之間、商業票據殖利率則落在4％到10％之間。

認為股票很危險？我想許多人聽起來並不陌生。

即使是到了書籍出版接近一百年後的今天，人們對於股市資訊取得已經容易很多，許多企業也圍繞著我們的生活，但你仍是會聽到很多人會說：「股市很危險。」

但真的是如此嗎？

作者當年之所以想出版這本書籍，為的就是想證明股票市場並不像當年人們想的一樣危險。

債券波動比較小，保守投資人可以只投資債券嗎？

債券又被稱為固定收益類產品，顧名思義就是它的報酬預期相對比較確定，買進債券後，在不違約的前提下，債權人會持續地收到固定利息，以及到期時償還本金。

而高品質的債券，價格波動風險往往大幅小於股票的價格波動，人們投資債券時只要不是亂買一些高風險債券，通常就能得到相對高確定性的成果，對過程的債券報價變動也相對比較不會擔心。

如果今天你拿一筆錢去放銀行定存，銀行收取你的資金後除了把它拿去放貸，也會拿這些錢去投資，其中擁有高度確定報酬的債券（例如短期公債）對金融機構來說就是重要的資金停泊標的，這類債券對銀行來說是等同現金一樣的存在，即便它的報酬率極低，但對於金額動輒數億的金融機構來說，零點零幾個百分點也是一筆鉅款。

這樣聽起來投資高品質債券似乎很安全，又能得到確定的成果，即便報酬略低一點也能接受？

但債券投資有個弱點在於：債券難以對抗通貨膨脹風險。

通貨膨脹一年1％到3％看起來沒什麼，對於資產100萬的人來說，也許就是1萬到3萬的減損。但如果有一天隨著你的努力，資產累積到5,000萬時，這時通貨膨脹帶來的資產損失，每年就高達50萬到

150萬，儘管投資債券可以得到利息，但利息本身仍然必須扣掉通貨膨脹，才是投資人在財富上購買力的實質成長。

　　股票在對抗通貨膨脹上則有相對較好一點的成果，主因是企業營運時可以跟隨通貨膨脹調漲定價，雖然這並不能完全抵銷通膨的傷害，但也不像債券什麼都不能做。而且綜觀歷史，通貨膨脹比通貨緊縮更頻繁地發生。且長期而言債券報酬低於股票。

本書中最核心的觀點認為：股票長期收益高於債券

　　這個論點並非沒有前提，股票報酬勝過債券考慮的前提為：

1. 投資時間足夠長；
2. 不考慮波動風險，只對報酬做比較。

　　股票長期收益高於債券的前提是，分散投資而不是重押單一檔股票，以及必須經過足夠長期的時間，在不考慮波動風險、僅考慮報酬的情況下，股市的報

酬幾乎是完勝債券，而且當統計的時間拉得愈長，股
市整體報酬勝過債券的機率就愈高。

　　反之如果只考慮短期投資，或者你只有單押少數
幾檔股票，那麼這統計結果就不一定成立。

　　如同凱因斯的名言：「長期來說，我們都已經死
了。」

　　股票雖然長期報酬高於債券，但如果想達到所謂
的長期，在過去經驗至少要十五到三十年才有比較高
可信度的結果，而且僅僅是勝過還不夠，畢竟如果只
有小贏，那人們也可能傾向仍是選擇投資波動較小的
債券。歷史結果是，長期有較大比例是股票勝過債
券，但不同的時期勝過的幅度不同，有時多有時少。

所以，我們該如何投資？

　　實際上考量到風險因素，這個觀念並不絕對等同
於投資股票一定比投資債券好。

　　書中主要強調在股票的報酬性質上，對於股票的
風險著墨較少，本書在當年風靡一時，也有人說本書
是後來1929年泡沫崩盤與後續大蕭條的發生原因，

只因為吸引過多散戶進入股市。

實際在投資時，我們看到的不是最終的長期結果，而是必須去經歷每一個波動過程，風險過大時很可能會讓人難以執行。

長期分散持有股票類資產，可以減少債券類資產受通貨膨脹風險的傷害。而持有債券類資產，則是可以減少股票類資產帶來的不確定性。兩者並非對立的兩個極端，而像是灰階或光譜，你可以都各持有一些不衝突。

此外在作者當年仍沒有ETF這項好用的投資工具，因此在做許多測試驗證時，作者仍必須用一些大型股票作為統計樣本。如今我們已經不必這麼麻煩，直接用ETF就可以分散持有股票、債券等各種金融商品。

投資的問題應該保持開放的思考，但做嚴謹的驗證

每個時代都有各自的許多投資迷思。

從今天的眼光來看，股票長期報酬勝過債券對投資者來說幾乎是常識，但在作者撰寫本書的年代其實

並不是眾所皆知的共識，書中使用許多數據來證明股票長期而言比債券更有投資價值，印證方式也相對嚴謹。

　　實際上，在當年要能做出有數據邏輯基礎的分析其實是非常困難的，在沒有電腦的年代，光是準確資料取得都是非常大的問題。不過作者仍透過找到超過八十年的長期數據，並且納入股利因素、考慮除權息，來衡量出正確的投資報酬。

　　本書最值得學習的就是作者的嚴謹驗證精神，如果你也曾遇到許多投資迷思，不確定解答為何，也許本書中作者尋找答案的方法，能提供你一些啟發。

推薦序

歷史不會重演，但求真精神值得流傳

安納金

暢銷財經作家、CFA特許金融分析師

2020年3月的全球金融市場因COVID-19疫情惡化而閃崩，在美國聯準會（FED）祭出無限量印鈔的QE（量化寬鬆）之後，股票和債券雙雙從超跌之中落底而回升，股市連續上漲了整整一年，美國道瓊工業指數頻頻創下歷史新高，債券的榮景卻僅有短短幾個月。

股票的報酬率不斷地擴大，彷彿找不到極限；反觀美國政府公債和投資級公司債價格持續從高點下跌已經連續三季，兩者之間的表現差異已經大到不禁使得許多投資人懷疑，債券是否仍值得持有？在市場一面倒向股票擔綱主流的市場中，按照紀律實施股債平

衡配置的人彷彿成了固執不知變通的傻子。這樣的故事，是否似曾相似？

　　事實上，有關股票和債券兩者之間的最適化配置，在過去一百多年來曾有過幾次大規模的「典範轉移」（paradigm shift）或稱為「思維轉變」，每每在學術界和實務界激起一陣大規模論戰，而此書問世的1924年，正是當時以股票為長期投資主流的時期，成為一本以數量化分析為主的實證研究公開著作。

　　此書以歷史倒流測試（historical back-testing）的方法，檢驗了長達八十多年的市場表現數據（資料期間自1837年至1923年），據以提出幾個具說服力的結論。儘管此書發表至今已經將近一百周年，現今的市場環境以及政經背景顯然與當時截然不同，然而，就股票和債券的本質而言是不會改變的，改變的是市場結構以及投資人偏好。

　　在現代資料庫數據完整、電腦運算效能極高的現代，或許我們每一個人都有機會可以在取得歷史數據資料之後，自己嘗試做歷史倒流測試，然而，「個人電腦」大約是在1976年蘋果電腦公司推出Apple I才

開始普及到個人，在那之前的電腦就像一間倉庫一樣大，此書發表於1924年，遠比個人電腦時代早了超過半個世紀，因此，這類採用人工計算的歷史回溯是相對罕見而且彌足珍貴，對於當時無論實務界或學術界都有一定貢獻。

此書再度提醒投資人，股票和債券的根本差異是：「股票代表的是財產和生產流程的所有權，其價值和收益報酬會隨著財產的獲利能力波動；債券代表的是承諾，在持有債券期間，投資人能每年享有固定配息。」一百年多來，這些本質差異並無改變。在這恆常不變的基礎上，此書提出了幾個有關資產配置決策的重要命題，例如不同時期的股債表現差異、股票分散投資與否的表現差異、分配股利與不分配股利的公司股價表現差異等等，並用長時間的歷史數據來做實證研究。

我們能從此書的研究結果當中獲得什麼？美國名作家馬克吐溫（Mark Twain）說過一句話：「History doesn't repeat itself, but it does rhyme.」意思是歷史不會重演，但是就像文章的押韻一樣，類似的事件還是

會再度發生。並不是說此書進行研究當時的市場環境會在當前的真實世界裡再度上演，而是此書提供了一個以「真確」為導向的前人典範，幫助我們理解，即便在缺乏電腦輔助運算的近百年前，投資圈內都有人願意投注大量的心力在實事求是的投資真理探求上，而不以主觀意見或個人偏好論斷長期投資決策的好壞，這樣的求真精神是值得我們尊敬而且效法的。

　　事實上，過去近百年來全世界有許多論文是以金融市場的實證研究為主題，提出過不少具有實務參考價值的結論，而當今我們所知道的許多投資原理或法則普遍也具有相對應的實證研究結果支持，無論哪些是可以持續經得起時代變遷的考驗，而哪些可能走入歷史不再適用，此書誕生於近一百年前，可以作為我們求真習慣以及辯證思維的良好參考。

　　願善良、紀律、智慧與你我同在！

前言
洞悉資產本質，發現深度獲利價值

　　這本書裡的研究紀錄了一系列的崩解：諸多認知上的事實一一崩解，因而無法支持一套已成定見的理論。至於這套理論是什麼，或許可以用以下的說法來描述：

　　1897年到1923年之間，美元購買力下滑，在此期間，多元分散的普通股投資組合，無疑創造出比投資級債券（high-grade bond）組合更豐厚的報酬。然而，隨著美元購買力提高，靠著債券可以創造出優於普通股的報酬。從南北戰爭結束到1896年期間，美元的購買力持續提高，債券產品的**表現也確實如此**。

　　一般人認為，會出現上述的結果，原因在於美元

的購買力變動，而這應該是一套可以證明的理論。如果針對1866年至十九世紀末的債券與普通股的相對投資價值做比較（本書後文就會有相關說明），相關的測試應該可以佐證理論。但是這些測試並不支持理論。非常讓人意外的是，這些測試證明，任何找得到的證據都無法明確支持「投資級債券在美元購買力提高期間**確實**是比較好的投資」這項前提。

也因此，這套已成定見的理論被揚棄了。

然而，我們應該進一步研究收集到的事實。如果測試並未驗證我們想要證明的結論，比較好的做法看來是放開成見，跟著測試繼續追查，看看最後會得出什麼結果。

幸運的是，我們靠著這些測試得以抽絲剝繭，解析出以代表性普通股組成的多元投資組合中的固有特質。對於本來不太在乎普通股長期投資屬性的投資人來說，這一點可能很有價值，至於其他已經投入普通股的投資人，則可因此認同自己的立場，不再任人貶為「不保守」。

債券這個投資類別，有一些廣受認可的特質。多

元分散的普通股投資組合也有其特色，惟和債券大不相同。每一種投資類別，在任何投資計畫中都有其特殊用意，也能找到一席之地。因此，清楚理解不同類別的不同特質，有助於判定這兩類證券最適當的相對占比應是多少，才最能滿足每一位投資人的投資要求與目標。

作者說明

　　美元的變動（以實質購買力衡量），對於各種投資標的之優、缺點有不同的重要意義。本書所提的研究，是以投資級債券和普通股的績效表現比較為基礎，涵蓋期間從自南北戰爭結束到1922年。這些研究累積出的證據，偏向有利於多元分散的普通股組合，而且，即便在美元購買力提高期間亦成立，例如1866年到1897年。1897年後，美元購買力下降，精選的多元分散普通股更是表現極為出色的長期投資。

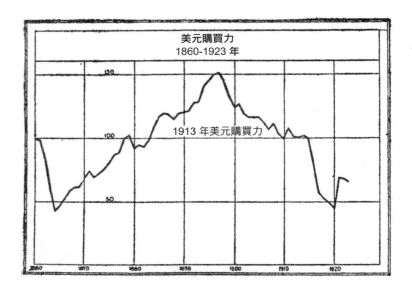

圖 0-1　美元波動圖

本圖出自美國勞工部躉售物價指數（index numbers of Wholesale Commodity Prices），使用的數據是 1860 年到 1900 年修正過後的舊數列（old series），以及 1900 年以後的新數列（new series）。1900 年從舊數列轉換到新數列，是因為過渡到當年時有一些極微小的變異。請見參考資料：U. S. Dept. of Labor Bulletin No. 149, and *Monthly Labor Review*, Vol. XV, No. 1, July, 1922.。

1

長線獲利的價值思維

散戶投資人是否可能因此受到不當影響，忽略他們身為散戶的投資目的是為了替未來或後代創造實質財富，而不是追逐變動的價值符號？

　　討論偏保守型的投資時，投資級債券在多數人心裡有著不可撼動的地位。話題到頭來都聚焦在如何評價不同發行機構的債券價值，或是，為了創造出更高的收益報酬而放棄最穩健的債券到底安不安全。大膽建議投資特別股（preferred stock，按：特別股是結合股票與債券性質的股票。其股價波動率低，並如同債券有固定的配息以及約定的買回價格。相較於普通股，特別股具有優先受償權及優先配息權。）的人有時候會覺得自己太過火了，不可能得到保守派意見的支持，而討論時通常根本不會提到普通股。

　　大致來說，普通股被視為投機的媒介，不適合用來長期投資。

　　反之，債券通常被視為最佳的長期投資媒介，可免於投機風險。

　　這樣的觀點穩健嗎？事實是什麼？

　　保守主義有一項受人尊敬的傳統，是用不動產或公司資產當作第一抵押品來發行債券。支持這番傳統的，是1897年之前的經驗，當時美元的購買力來到最高點。但是，根據購買不動產抵押權以及抵押債券

的投資人經驗來看，自1897年以後美元購買力開始
下降，再加上自1902年之後利率上揚，他們開始懷
疑，如果從事的是個人投資、而非法人投資，特別強
調這一項傳統還有沒有意義。

　　普通股廣被視為投機，很多投資人完全排除這種
資產類別，不會列入投資清單當中。然而，排除普通
股，是基於完整研究過債券和股票之間的相對價值，
還是出於偏見呢？確實，影響普通股價格波動的因素
繁多，包含：其隸屬的產業、一般商業環境，或者和
公然從事投機者的短期市場部位有關。

　　然而，有沒有可能，就因為普通股搭上投機之
名，導致大多數投資人對此避之唯恐不及，在心裡誇
張了普通股的危險程度，放大了長期投資普通股可能
遭受的虧損？

　　有沒有可能，大眾以為債券在很多方面都非常安
全，反而忽略了一項很明顯的缺點：在貨幣購買力下
跌時，債券全無招架之力？這也就是說，債券持有人
無法受惠於國家的成長與經濟活動的加溫。

股票 vs 債券的獲利本質差異

基本上，股票和債券的根本差異是：

股票代表的是財產和生產流程的所有權，其價值和收益報酬會隨著財產的獲利能力波動。

債券代表的是承諾，在持有債券期間，投資人能每年享有固定配息，並得到允諾，能在未來某天領取一筆錢。

股票的價值（以名目股價表達），會隨著股票代表的國家或產業的成長與繁榮而上漲，當貨幣的購買力下降（以生活成本提高來表現）時，其價值也會等比例提高。股票會因為時局艱困而暫時面臨危機，也很有可能因為技術大幅翻轉或是管理不當而變得一文不值。

投資級債券的價值（以名目價格表達）變動幅度較低，因為它們的價值代表的就是貨幣，而且也就只有貨幣。

如果以貨幣為計價單位，只有一種商品的價格不會有太大的變動，那就是黃金（但最極端的條件除外）。這是因為，從定義上來說，每單位的貨幣就等於法定重量和純度的黃金（按：指以黃金為貨幣基礎的金本位時代），黃金的價格是法定的。債券出售時，其價格也具備黃金價格這種法定、但某種程度來說並非真正穩定的特性。

而債券價格的上下波動來自於：

一、發行公司的信用狀況：該公司到期時能支付利息和本金的可能性有多高。該公司獲利能力與目前要支付的利息費用相較之下有多少餘裕，會大大影響公司的信用狀況。

二、流動資本目前的供需變化，而這和標的債券的到期期間以及固定利率有關。[1]

1　用來代表目前流動資本需求的最可靠指標是，由商業票據決定的利率變動。

衡量資產價值的關鍵要素

　　在長期投資組合中納入精選的普通股，與只將資金投入債券，要針對兩者做優劣比較，某種程度上會和美元的特性有關係，我們應該特別來討論一下用美元來衡量實質價值這件事。如果我們用輕蔑的態度來看待美元，只是凸顯美元的缺失而已。美元至今仍是全世界最穩健的貨幣，曾經捍衛美元反對自由鑄造銀幣（free silver，按：十九世紀末期美國曾有政治人物主張放棄金本位，改以白銀自由鑄造錢幣）的人們，以及透過聯邦準備銀行系統（Federal Reserve Banking System）來強化美元的人們，都值得尊敬。然而，美元也和所有人類設計出來的貨幣一樣，都有某些明顯的缺點。比方說，美元極易因為政府不明智的行動而受影響，不過有責任維護美元購買力的政府機關，一向處於被動防禦的立場；想要拉高薪水的勞工，某種程度上是引發通貨膨脹，這就相當於攻擊美元的價值；希望讓產品賣得好價格與努力償還農場貸款的農民，從某方面來說，也是在打擊美元的價值；為了保護工業而設

置的關稅，也插了一腳壓低美元的購買力。所有債務人都樂見貨幣購買力下跌。畢竟，通貨緊縮、貨幣購買力提高，多半伴隨著讓社會上大部分的人都感到難過的經濟衰退。相反地，通貨膨脹、貨幣購買力下跌，則常跟著的是經濟繁榮和普遍的幸福感。因此，希望保有美元完整購買力的人，以及認為美元購買力下降比較有利的人之間，經常會出現拉鋸。大部分的人都是後者，隨著這些人愈來愈有條理，不確定美元的價值是會回歸1897年以來逐漸消失的強勢，還是會再度經歷1915年到1920年之間的嚴重下滑。

除了觀察到「美元能買到的實質商品或服務逐漸變少」這項趨勢以外，我們也發現，為了保持社會地位與階級，人們需要的商品數量愈來愈多。因此，以美元計價的名目收入也愈來愈難以維繫所得者的社會地位。

美元購買力一般商品指數（ordinary commodity index of the purchasing power of the dollar）中並未納入社會地位這個因素。而「社會地位」主要指享有更好的居家環境如冷暖設備、照明與水電系統，棄四輪

輕型馬車改成開汽車，以及擁有電話、收音機和現代
生活用品清單中我們的父執輩一無所悉的各式各樣設
備。另一方面，由於機器設備進步與大量製造導致生
產成本下降，會抵銷一些貨幣購買力下降的影響。不
過，要能負擔起這些東西，就需要有更高的名目收
入，在此同時，供應這類產品與服務的產業也因為人
們消費而對應增值。換句話說，這些產品與服務的消
費帶動了貨幣更快速流動，能躬逢其盛的代表性產
業，就會反映在其普通股的名目股價。

目前有很多因素壓制美元，使得美元難以恢復過
去的購買力，例如州、市政府大舉支出。以下1923
年10月8日的《紐約世界報》（*New York World*）社
論，說得很切題：

目前發布的預算中登載了一篇聯邦政府統計結果
分析，當中的數據來自於美國十四個典型州，顯示
1922年各州政府的成本，其中還不包含郡縣、城市
與鄉鎮級政府的成本，總金額為4億3,869萬美元，
人均成本為13.21美元。若以美國所有人口來計算，

代表 1922 年美國各州政府的平均成本為 14 億 43,161,272 萬美元，比近期的 1919 年高了兩倍以上，是 1913 年的四倍。

建設州級公路，在州政府支出大幅擴大中占了很大部分。這是新的州政府級活動，堪比七十年前的建鐵路熱。各州用更好的高速公路彼此相連，但是，納稅人要支付快速飆高的營造與維護成本，而且還沒計入利息成本。此外，城市、鄉鎮和郡縣級政府又另有預算。聯邦政府的實際與潛在支出規模亦十分龐大。這是汽車的時代，私人的奢華也以相應的比例推動了公共的奢華。

扮演主權機關角色的州政府，近年來在美國政府制度下的地位明顯滑落，然而，搖身一變成為自由獨立債務承包人、道路建造人和加稅人的州政府，可是重獲新生、發光發熱呢。

一個瘋狂的假設

假設我們接受不斷變化的條件會影響量尺的長

短，有時候長一點，有時候短一點。在此同時，量尺上用來將長度轉換成量化、以利計算的數值，同樣也會改變。假設數值會變動，並進一步假設目前影響量尺長短的因素，和影響數值大小的因素不同，因此，量尺可能會變長、數值可能會變小。如果以上這些假設均成立，那麼我們就無法找到固定標準的衡量方式或用語，在不同的年度來描述同樣的長度。即便是訓練有素的工程專家，都會因此面對極大的難題，更別說我們其他人了。我們很難理解在這種情況下如何從事商業交易、如何興建大樓、要怎麼做衣服，以及衣服做出來會是什麼樣子。

看清價值衡量的全貌

還好，現實裡沒有這種事。衡量長短的標準是固定的，而以這一點為根據，衡量立方體體積的指標也會是固定的，只要利用數學衡量長、寬、高等三個面向的數值即可得出。由於可以準確衡量出在特定重力之下不會變動的素材體積，因此也可以確立重量的固

定單位。而重量的單位之所以能固定，完全是因為衡量長度的單位是固定的，因此可利用數學計算得出。

反之，衡量價值的標準並不固定。今天的美元，和昨天的美元，是不同的度量單位。今天的德國馬克，嗯，或者說是一個小時前的馬克，就和此時此刻的馬克是不同的價值度量單位。英鎊、盧布、日圓等等也都是一樣。讓人更糊塗的是，若我們要描述用一個不斷變動的度量單位衡量出來的不斷變動價值，唯一的簡單方法居然是利用另一個同樣也不斷波動的度量單位。從邏輯上來說，這是不可能的，但事實上可以。我們這麼做，是因為必須要有可衡量的方法去定義價值，除此之外也沒有其他更讓人滿意的方法。最適合的說法是，某些度量價值的單位會比別的度量單位更穩定。如果以數年為期，可能某個期間內適合用英鎊來衡量其他貨幣購買力，某個時候則適合用美元。但如果時間更拉長，我們可以放膽地說，衡量實質財富或價值的度量標準都會改變。度量價值的標準向來都不一樣，而且，除非找到某種全新的方法來衡量價值，不然的話，未來很可能也都不一樣。

投資難道有「保本」鐵飯碗？

　　對於投資目標是為了讓後代子孫享有幸福舒適的散戶投資人而言，這一點格外重要。沒錯，他們奉行「保本」是第一要務。但什麼是「本金」？本金只是一家穩健組織要承擔的義務、在未來某個時間點償付某個變動價值衡量標準下的金額嗎？如果償付日時衡量標準的規模縮水成現在的一半時，那會如何？本金會受到保障嗎？為了證明不可把這個想法斥為純理論而不予考量，值得我們花點時間談一談1923年7月12日《紐約世界報》登出的一篇社論，標題很適切，叫「美元小麥」（Dollar Wheat，按：指1蒲式耳小麥〔約27公斤〕可以賣得1美元）：

　　過去，「美元小麥」曾是美國農民耳熟能詳的一個詞，也是他們最大的希望。當時，1美元扣掉1蒲式耳小麥的生產成本之外，還可以買很多東西，但現在1美元能買到的東西僅剩一半多一點點，而且根本不夠支付生產1蒲式耳小麥的成本。

　　無疑地，農民用小麥換來的美元縮水了。過去1蒲式耳小麥可賣得1美元聽起來是高價，但如果我們把這樣的高價當成是衡量約0.9公尺長度的量尺，在這篇社論刊出時，這個量尺的長度只比約0.45公尺長一點。

　　因此，如果1美元的價值會縮水，而債券投資又無力抗拒價值縮水，那麼，為何最保守的一流金融機構會把高比例的總資產投資在以美元償付的債券上？

　　這些機構的投資需求和目的，與散戶投資人或家族資產投資有別。就以保險公司為例。保險公司的業務性質，是要完全抵禦美元購買力下降所造成的任何可能損失，這類公司處理的標的單純就只有名目金錢，簽訂的契約講明的是未來要支付的錢，因此，他們只需要知道未來從投資當中能收到的錢高於必須付出去的錢就好，未來的錢的購買力高低不在考慮之列。如果錢的價值縮水了，要吸收損失的人是保單受益人，而不是保險公司。

扭轉賠錢宿命的贏家思維

儲蓄銀行、商業銀行和信託公司也一樣。他們所做的投資，都是為了控管名目金錢債務，這是他們執行業務時的唯一考量。他們手上可用的錢，永遠都要比他們承諾必須付出去的錢多，在此同時，在支付營運費用之後還要能有獲利。如果這類公司的重點放在履行承諾的固定名目金錢債務，充分保護他們手中握有的特定抵押資產，以對抗價值的縮水，但完全不針對美元購買力可能縮水採取任何行動，那麼，公司聘用的高度訓練專業人士自然會以公司的財務金融政策為依歸，去執行他們的任務，這是理所當然之事。這些金融機構不時有必要將相當多的投資轉化成流動資產或是貨幣，但是，把家族未來福祉當成投資目標的散戶投資人就不需要經常這麼做。

這些機構必須以年報等形式定期提出資產負債表，而且它們經不起在公布報表時，其持有證券部位出現暫時性的**市值**大幅縮水。[2]對散戶投資人來說，持有的證券部位市場價格暫時下跌，只要他知道自己

的資產很安全，而且具有實質價值，就沒有這麼嚴重。此外，法律也不會限制散戶能投資什麼、不能投資什麼，在不考慮其他因素之下，基於不受限的優勢，散戶投資人至少要研究法律規定大型機構投資人不可介入哪些證券，看看那類投資的潛在報酬多高。由於這些是大型機構投資人不可碰的證券，出售時，能帶來的收益報酬可能更高。

這類金融機構的保守投資得到了該有的讚譽，然而，散戶投資人是否可能因此受到不當影響，忽略他們身為散戶的投資目的是為了替未來或後代創造實質財富，而不是追逐變動的價值符號？

2　許多金融機構受到政府機關的法律或規範保護，營運時無須提報目前尚未到期債務的市值，只需提報這些證券的攤提價值（amortized value），背後的理論是他們會持有到期滿為止，然後全額償付。這種情況是出於不得不然，因為1901年到1920年之間債券的市值下跌，會讓這些機構處於非常困窘的局面。至於股票，除了目前的市場價格之外，用其他方法來評估其價值可能都不安全。

重點回顧

● 股票代表的是財產和生產流程的所有權，其價值和
收益報酬會隨著財產的獲利能力波動。

● 債券代表的是承諾，在持有債券期間，投資人能每
年享有固定配息，並得到允諾，能在未來某天領取
一筆錢。

● 股票的價值（以名目股價表達），會隨著股票代表
的國家或產業的成長與繁榮而上漲，當貨幣的購買
力下降（以生活成本提高來表現）時，其價值也會
等比例提高。

● 投資級債券的價值（以名目價格表達）變動幅度較
低，因為它們的價值代表的就是貨幣。

● 債券價格的上下波動來自於：發行公司的信用狀
況，以及流動資本目前的供需變化。

● 衡量實質財富或價值的度量標準會改變。因此，散
戶的投資目的是為了替未來或後代創造實質財富，
而不是追逐變動的價值符號。

2

選擇長期贏家：
股票與債券

股利雖然可能不像債息這麼規律，但投資人大有機會因為獲利增加與多元配置，而賺得高於正常的報酬。

當然，債券有百百種，但由於我們的討論限於保守型長期投資，因此僅需要考慮具有某些特性的債券，比如：買進時有充分的擔保，例如有抵押品，或對於擔保發行債券的資產享有優先留置權（prior lien），而且這些資產經過可靠鑑價，價值超過發行債券總額。我們要注意的是，這類鑑價大致上以營造成本或是財產重置成本為基準，但倘若只有這些成本的數據，並非衡量日後財產真實價值的良好標準，因為發債公司的所屬產業可能發生變化，導致全部或部分財產不合時宜，或者，建造或設置此財產時並無明智規劃，未與要從事的業務密切配合。

長期投資債券的評比原則

假設有一檔債券在發行時是以某段鐵路作為擔保，在抵押品中有50%的鐵路成本，但是，如果這段鐵路的交通量創造出來的淨營收不足以支付債券的利息費用，就不是安全的投資。當債券持有人面臨鐵路重建時，他們會發現自己是以前景最黯淡的條件參

與鐵路業。

　　同樣地，一旦有人發明出更新、經濟效益更高的機器，可能會使某一家製造業公司基本上一文不值，根本不用去思考原始成本或重置成本。

　　所以說，選擇長期投資的債券時，最重要的是要盡可能確認，在持有債券的整段期間，包括現在和未來，發債公司的營收扣除營運費用後，都能高於所有固定的利息費用，而且能有充裕的資金應付價值下滑和整體生產營運可能不合時宜的問題。公司超過固定利息費用的部分若夠多，就能累積出最好的信用，萬一工廠有變化或者需要擴充，至少可用有利條件出售股票籌得部分資金。如果一家公司淨利微薄，僅能透過發行新債務來籌措資金以支應必要的擴充和變化，到最後，可能連最基本的抵押債券都無法讓持有人滿意。如果在考慮購買債券時就已經預見到發債公司有利潤有限的危險，除非在極不尋常的狀況下，否則不可將這些債券視為最具保守特色的投資。換言之，購買債券當作長期投資時，最保守的態度意味著要精選長期營運有望創造高利潤的公司，其獲利必須遠超過

所有已發行債務和其他經常性支出。另一方面，在一般情況下，公司的普通股股東可分享到這些獲利。

資產配置前必備的獲利觀念

債券持有人在判斷哪些才叫穩健的債券時，標準是能否規律地收到債息，同公司股東則是考量能否收到股利。股利雖然可能不像債息這麼規律，但投資人大有機會因為獲利增加與多元配置，而賺得高於正常的報酬。理論上，如果投資期間因為經濟繁榮、**通貨膨漲**導致貨幣購買力下跌，股票的名目股價會相應上漲，收益也會相應提高；同樣地，理論上，如果經濟衰退、**通貨緊縮**導致貨幣購買力提高，股票也會相應下跌。反之，雖然債券的名目收益是固定的，但是，對債券持有人來說，其實質價值會隨著貨幣波動而變動。當貨幣購買力下跌時，債券的價值就下跌；貨幣購買力提高時，債券的價值也跟著水漲船高。相同地，債券本金（債券的本金僅代表名目金額，別無其他）的實質價值也會隨著貨幣而增減。

股市，高風險的投機客當道？

　　且讓我們暫時假設，根據前述道理，如果有一家公司營運看來長期前景看好、獲利率遠高於固定費用，且債券極有吸引力，那麼，我們也應該認真思考一下該公司的普通股。我們勢必得去想一件事：假設這些公司完全不發債，投資他們的普通股獲利會更豐厚。這個想法指出了另一條路，讓我們直接把普通股視為單一類別，不去談公司發行普通股之前有沒有先發行債券。

　　當我們解放想法、跳脫最傳統正統投資策略的緊箍咒時，要先找到實務事實支持或反對我們根據邏輯推演出的想法，之後才能進一步建構理論，解析股票和債券的長期投資相對價值。看盡公司經營百況的散戶投資人，有些公司就算沒有全數虧損，營運也並未替股東帶來利益，這種企業看多了，他們當然不會多花一分鐘考慮，必然僅會把自己的長期投資資本投入優先擔保債，讓「商業人士」獨力承擔所有普通股的風險！好吧，且讓我們看看，如果我們的父祖輩都僅

投資普通股，而且想的不是短期投機套利的報酬時，結果會怎樣（很遺憾地，在普通股這個投資選項中，投機是最難以消弭的想法）。他們的目標很清楚，就是：

1.穩定的收益；
2.確保本金的安全。

我把穩定或規律的收益放在前面，是因為拿普通股和債券兩相對照時，這通常被視為風險值最高的因素。

重點回顧

● 購買債券當作長期投資時，最保守的態度意味著要精選長期營運有望創造高利潤的公司，其獲利必須遠超過所有已發行債務和其他經常性支出。另一方面，在一般情況下，公司的普通股股東可分享到這些獲利。

● 股利雖然可能不像債息這麼規律，但投資人大有機會因為獲利增加與多元配置，而賺得高於正常的報酬。

● 當貨幣購買力下跌時，債券的價值就下跌；貨幣購買力提高時，債券的價值也跟著水漲船高。

3

二十二年股債解析，找出真正複利機器

這些測試的重要性，在於其累積出來的震撼力道。單一測試的顯著性並不高，但是全部加起來之後，非常明確指出大多數散戶投資人都忽略的根本因素。

在接下來的測試中，套用在選股上的唯一穩健原則是多元分散。如果不做分散投資，就不要考慮買進普通股。

對於任何中選的特定股票，我們應該放下現實批判，因為我們很可能無意識地以購買日之後發生的已知事實作為批判的基準，這是很危險的。

選股方法

我們進行每一次測試時，都會在做選擇前先設定一套任意的選股方法，並根據這套任意方法選股，藉此消除因為知悉後續事件而影響選擇的可能性。實際上，入圍後又遭到剔除的個股中，至少有一檔是因為不確定該個股的某項要素是否符合我們設定的標準，或是我們已經知道該公司的股東曾享有非常有利的優勢，使得我們必須排除這檔股票成為測試標的。

研究說明

　　每一檔中選個股都出現在公開紀錄中，我們研究了每一檔的歷史並整理成列表。但因為工作圖表數量太過龐大，導致無法全數納入本書。然而，所有圖表都經過仔細查核，相信得出的總數在數學計算上正確無誤。我們同意，由於某些紀錄中的數據的確實意義不明確，原始圖表中可能會有一些錯誤。所以，如果這類疑慮很可能對測試結果造成重大影響，這檔個股就會以當下的報價賣出。由於要釐清個股的歷史是一項大工程，因此我們完全不改動測試中的原始個股清單。有時候，我們無法找到「適當」的報價，因而無法全數認列得出的收益。

　　但我們的目標是絕對不偏袒股票，並盡可能讓與之相較的債券保有所有優勢。

投資測試的震撼啟示

　　這些測試的重要性，在於其累積出來的震撼力道。

單一測試的顯著性並不高，但是全部加起來之後，非常明確指出大多數散戶投資人都忽略的根本因素。

　　每一項測試均假設投資約 1 萬美元，分散投資十檔大型公司的普通股，同時也用同樣的金額投入投資級債券。涵蓋的期間從 1866 年至今（按：本書最初於 1924 年出版）。購買股票時不去參考購入時的市況，但也有例外情況，比方說特意選擇於市場高峰期間做測試（測試七和測試八）。

　　每項測試都顯示普通股的表現優於債券，只有一項除外，請見下表：

期間	股票高於債券的總報酬
測試一：1901-1922 年（期間為 22 年）	$16,400.94
測試二：1901-1922 年（期間為 22 年）	9,242.26
測試三：1901-1922 年（期間為 22 年）	21,954.72
測試四：1880-1899 年（期間為 20 年）	12,002.04
測試五：1866-1885 年（期間為 20 年）	2,966.85
測試六：1866-1885 年（期間為 20 年）	-1,012.00
測試七：1892-1911 年（期間為 20 年）	11,723.80
測試八：1906-1922 年（期間為 17 年）	6,651.05
測試八 a：1906-1922 年（期間為 17 年）	4,938.08
測試九：1901-1922 年（期間為 22 年），鐵路業	13,734.72

| 測試十：1901-1922 年（期間為 22 年），鐵路業 | 3,329.72 |
| 測試十一：1901-1922 年（期間為 22 年），鐵路業 | 17,140.25 |

　　我們不建議現今的投資人使用我們的選股方法，但是這些方法在判斷測試結果時很重要。毫無疑問地，買入時先做紮實的投資諮商，並持續套用到持有部位，能大幅強化投資成果。

測試一：交易量最大的個股

　　選擇 1901 年至 1922 年進行測試的原因，是因為最早可得的《商業與金融紀事報》（*Commercial and Financial Chronicle*）是 1901 年。快速看一下 1901 年 1 月的道瓊平均股價圖表，當時的股價並非特別低。事實上，若以更早之前的股價為基準，這段期間的股市已經算漲到相當高的水準了，股價雖不到 1899 年時的平均值，但與 1897 年、1898 年或 1900 年相較之下都顯得更高。[1]股票在 1900 年最後幾個月飛漲，之

1　在後文中，我們會說明仰賴已發布圖表會出現的問題。這些圖表的目的，是透過平均報價來顯示普通股價值的變動。

後仍延續漲勢，說起來，我們假設投資人應該會有顧慮，不願意在此時進行長線投資。但不管如何，我們強迫他在1901年1月的第一個完整的星期之內買進，亦即，在當年1月12日結束的那個星期之內要買進。

我們不想讓他有任何情報上的優勢，不會告訴他現在的我們知道1901年之後會生什麼事，我們強迫他採行只能說是大膽魯莽的亂槍打鳥策略。

我們假設他僅有1萬美元，並要求他挑選十檔工業普通股。在我們要選股的那個星期，這類型的股票交易量最大。深思熟慮型的投資人不會這樣做決策，但這樣一來，我們假定的投資人就不會根據買入當時尚無法預見的事情來做選擇。這套方法挑出的十檔個股如下：

表3-1　測試一：1901-1922年

在1901年 1月12日 結束時， 當週的 交易股數	普通股	買進 股數	在1901年 1月12日 結束時， 當週的 平均股價	投資 金額
288,365	美國製糖公司 （American Sugar Refining）	7	$140	$980
161,475	美國菸草公司 （American Tobacco）	18	56	1,008

158,260	大陸菸草公司 （Continental Tobacco）	25	40	1,000
147,970	人民煤氣燈與焦煤（芝加哥）公司 （Peoples Gas Light & Coke〔Chi〕）	10	104	1,040
95,810	田納西煤礦鋼鐵公司 （Tennessee Coal & Iron）	15	64	960
94,256	西聯電報公司 （Western Union Telegram）	12	83	996
80,354	聯邦鋼鐵公司 （Federal Steel）	18	56	1,008
66,398	混合銅業公司 （Amalgamated Copper）	11	92	1,012
54,015	美國冶煉精煉公司 （American Smelting & Refining）	18	55	990
52,987	美國馬口鐵公司 （American Tin Plate）	18	56	1,008
	總投資金額			**$10,002**

　　在1901年1月的第一個星期內，有十五檔投資級的鐵路業債券賣出時的殖利率達3.95%。[2] 但我們假設，我們設定的投資人所面對的投資對手更勝一籌，在這個星期投資時全力讓每年有穩定的4%收益，而且他選擇的債券很完美，在1901年到1923年間每一檔債券都未曾因為信用不佳或升息而跌價。[3]

2　請見1923年10月20日《標準每日交易服務公告》（*Standard Daily Trade Service Bulletin*）第十卷。

3　測試結束時，債券本金的價值請參見附錄C第一段。

　　股票在這段持有期間會發放定期與額外股利，此外，也計入股票股利與認購額外股票的權利。

　　為了讓我們設定的投資人能和競爭的債券購買人處於平等地位，有必要假設他沒有其他資源去認購額外股票，因此在報價前三十天內就以可得的平均價格出售此權利。他也必須以類似的方式出售以股票股利發放的零股。而出售這些標的所得到的收益，會計為當前收益。所有整股收到的股票股利會留下來，但是不會計為收益。不過這會增加他的持有股數，使得他之後每年收到的股利隨之增加，也讓他的資本在選定的結算日時增值。

　　查核資本價值的日期為 1913 年 12 月 31 日（那時候還沒人想到之後居然會發生世界大戰）以及 1922 年 12 月 31 日。

　　由於企業的整併和解散，這兩個日子的持股內容和原始列表有些差異。資本利得如下表所示：

1901 年原始購入成本	$10,002
1913 年 12 月 31 日市值	13,718
1922 年 12 月 31 日市值	15,422

　　上表顯示市值有增加，這或許並不讓人意外，因為不管哪一年，他每年從股票收到的現金都高於他本來可以從債券收到的4%。

　　持股帶來的年度現金收益如下。以他的持股金額為1萬美元計算，投資的年報酬率明顯可知：

表3-2　測試一的收益：1901-1922年

年度	現金收益	年度	現金收益
1901	$818.10	1912	$1,039.81
1902	589.50	1913	1,051.50
1903	563.50	1914	879.25
1904	510.00	1915	735.97
1905	702.50	1916	1,047.00
1906	1,041.00	1917	1,410.75
1907	876.21	1918	1,408.50
1908	857.85	1919	925.50
1909	908.25	1920	961.50
1910	1,068.50	1921	774.75
1911	868.00	1922	743.00
股票總收益（22年）			**$19,780.94**
收益率為4%的債券總收益（22年）			**8,800.00**
股票與債券的收益差			**$10,980.94**

　　值得注意的是，1904年的股票收益報酬最低，只得到5.1%，相較之下，債券的收益率為4%。

　　股票與債券的績效差異如下：

1901-1922 年，股票市值增值 [4]	$5,420.00
股票與債券的收益差	10,980.94
股票超越債券的總額	$16,400.94

　　關於測試一，大家都同意的是，我們所選定的期間明顯有利於工業性類股（從回溯觀點來看）。在這段期間，我們知道的是通貨膨脹、美元購買力下降，工業活動大幅擴張。之後的測試會涵蓋其他期間，但是在結束本段討論之前，很值得一提的是，歷經兩次工業衰退以及史上最嚴重的戰爭，本段期間內的測試一仍能維持收益規律性。

測試二：最穩定配發股利的個股

　　這會讓人覺得，雖然測試一是隨意選取個股，它們會中選只是因為該週那些個股交易熱絡，但是，從規律性、收益金額，以及最後本金的增值來說，普通

4　測試結束時，債券本金的價值請參見附錄C第一段。

股的績效確實勝過債券。然而，假設謹慎的投資人會依據這種不多想的辦法選股，並不允當。

因此，在測試二中，雖然涵蓋的期間與測試一相同，但會用比較明智的方法作為選股依據。同樣地，這次也會竭盡所能，盡量不讓如今已知悉的事件影響選擇。

1901年《普爾手冊》（*Poor's Manual*）的1348頁到1351頁，列出了歸屬於其他工業類（Miscellaneous Industrial）的個股，以及這些股票從1894年到1900年的發放股利紀錄。我們利用這張列表，找出這段期間內最穩定配發股利的個股，因而找到十九家公司。列出這十九家公司之後，再找出這些股票在1901年1月12日結束的那個星期的買價，列在每一檔的旁邊對照比較。之後，以1900年支付的股利作為基準，來決定買價的殖利率，排出十檔殖利率最高的股票，設定每一檔都要買進總價值最接近1,000美元的股數。

有些個股並未在紐約證券交易所掛牌，但每一檔個股在1901年1月12日的《商業與金融紀事報》上都有報價。

得出的選股清單如下：

表 3-3　測試二：1901-1922 年

普通股	1900 年發放的股利	在 1901 年1 月 12 日結束時，當週的報價	以買入價格計算的殖利率	買進股數	投資金額
鑽石火柴公司（Diamond Match Co.）	10%	$131	7.63%	8	$1,048
斯威福特公司（Swift & Co.）	7	102	6.85	10	1,020
埃瑞電報電話公司（Erie Tel & Tel. Co.）	5	75	6.67	13	975
美國地區電報公司（American District Telegraph Company）	2.25	34	6.6	30	1,020
寶僑公司（Procter & Gamble Co.）	20	325	6.15	3	975
標準石油公司（Standard Oil Co.）	48	805	5.95	1	805
美國中南電報公司（Central & So. Am. Tel.Co.）	6	102	5.88	10	1,020
美國製糖公司	7.75	140	5.53	7	980
西屋電工製造公司（Westinghouse Electric and Manufacturing Company）	5.75	54	5.32	19	1,026
美國菸草公司	6	56	5.31	18	1,008
投資總金額					$9,877

在追蹤這些個股之後，我們發現持有者必須出脫兩檔持股，這是因為我們假設他沒有資金，無法繼續

承受股票的估價虧損。

據此，他在1902年以195美元賣出埃瑞電報電話公司，一年前他的買入價是975美元，第一年的資本虧損為780美元。我們合理假設，他事前做了相當妥善的財務諮商以避免買到這種股票，但是為了不讓已知買進後會發生的事件造成任何影響，這檔股票一開始仍留在清單上。

基於同樣的理由，他在1908年以513美元出售西屋電工製造公司的股票。1901年時他以1,026美元買進，虧損513美元。

1919年，紐約的美國地區電報公司解散，西聯電報公司接收了接近全部的股份。在公開紀錄中找不到小股東拿到多少錢，西聯電報公司也無法提供任何有用的資訊，因此，我們假設這檔股票於1919年1月出售，報價為每股17美元，與原始投資美國地區電報公司（30股）的1,020美元相比，差額總計為510美元，簡單來說就是虧損。

為了在合理的基礎下完成測試，但又不偏袒我們認為普通股很安全的主張，我們假設出售這些持股

後，把拿回的現金收益拿去再投資，殖利率是4%，
1913年12月31日與1922年12月31日收到的現金不
變，在這兩個日子查核他持有的資本，明細如下：

1901 年 1 月原始購入成本	$9,877.00
1913 年 12 月 31 日市值	9,229.50
1922 年 12 月 31 日市值	10,830.00

表 3-4　測試二的收益：1901-1922 年

年度	現金收益	年度	現金收益
1901	$607.25	1912	$665.42
1902	741.88	1913	827.51
1903	678.87	1914	657.24
1904	732.80	1915	657.74
1905	752.80	1916	1,097.57
1906	1,072.05	1917	963.51
1907	798.80	1918	849.26
1908	727.80	1919	737.66
1909	864.50	1920	816.66
1910	763.30	1921	712.91
1911	690.30	1922	673.43
股票總收益（22 年）			$17,089.26
收益率為 4% 的債券總收益（22 年）[5]			8,800.00
股票與債券的收益差			$8,289.26

5　請參見測試一的表3-2。

有一點很有趣值得一提，那就是這次挑選個股有額外的考量。我們參考了企業過去的績效紀錄，而不是只憑購買當時證券的交易熱絡程度，但不管從收益報酬或資本增值來說，最後的績效並不像測試一這麼好，但毫無疑問遠比債券最保守的4%收益率的成效更佳。

本次測試股票與債券的總績效差異如下：

1901-1922 年，股票市值增值	$953.00
股票與債券的收益差	8,289.26
股票超越債券的總額	$9,242.26

在結束這段期間之前，我們要再進行一項測試：使用更明智的多元分散持股策略，亦即分散產業。這項測試放在最後，是因為只要不是以單純的機械性方法選股，就可能會被購買日後會發生的事件影響。不管如何，且讓我們說這種選股方法根據的是研究的精神。我們盡量呈現一個不太熟悉工業環境，但被說服要在十種不同工業中各挑一檔個股的投資人觀點。

測試三：前景最看好的個股

我們試著讓自己進入不同的心理狀態，變成一個在1901年決定將1萬美元投入不同產業的投資人，目標是在各種產業中找出前景最看好的普通股。然而，我們除了最表面的資訊之外，沒有任何特殊管道可以獲得其他和各檔個股有關的情報，我們也要再一次去查閱1901年1月12日的《商業與金融紀事報》。

我們可以從這份報紙上找到1900年按月報價的證券交易所，其交易證券的完整列表。以這裡為出發點，我們僅留下1900年每個月都有報價的股票，刪掉當年僅有斷斷續續交易的個股，以及1900年才開始（進入證券交易所）的個股。

我們找到的企業分屬於「運輸業」（Express Co's）、「煤礦業」（Coal and Mining）和「雜項」（Various）的項下。

因此，我們決定從「運輸業」、「煤礦業」中各找一家企業，並以合理的方法劃分「雜項」的產業後，從中各找出一家企業。

　　為了決定在每一個產業群中要買哪一檔個股，我
們的標準是買各群體中在1901年1月12日那個星期
交易量最大的個股，換言之就是從眾。

　　有一點很重要需要重述，那就是這些選股方法完
全是實驗性質，以消除把後見之明帶進測試中的可能
性。實際上做投資時不可用這種方法，真正選股時要
盡可能地做最周詳的判斷。

　　無論如何，根據這套方法選出的個股如下：

表3-5　測試三：1901-1922年

在 1901 年 1 月 12 日 結束時， 當週的 交易股數	普通股	股價	股數	投資 金額
1,098	美國運通公司 （American Express Co.）	$57	18	$1,026
95,810	田納西煤礦鋼鐵公司	64	15	960
9,356	美國汽車與鑄造公司 （American Car and Foundry）	22	45	990
80,354	聯邦鋼鐵公司	56	18	1,008
288,365	美國製糖公司	140	7	980
94,256	西聯電報公司	83	12	996
192,270	布魯克林快速輕軌公司 （Brooklyn Rapid Tram）	83	12	996
147,970	人民煤氣燈與焦煤（芝加哥）公司	104	10	1,040

161,475	美國菸草公司	56	18	1,008
30,535	美國橡膠公司 （American Rubber）	28	36	1,008
	總投資金額			**$10,012**

持有證券的資本增值如下表：

1901 年原始購入成本	$10,012
1913 年 12 月 31 日市值	15,335.50
1922 年 12 月 31 日市值	20,602.00

表 3-6   測試三的收益：1901-1922 年

年度	現金收益	年度	現金收益
1901	$616.60	1912	$985.15
1902	515.00	1913	1,049.00
1903	595.50	1914	1,008.75
1904	394.00	1915	805.00
1905	481.00	1916	809.00
1906	732.00	1917	1,230.25
1907	673.21	1918	1,168.50
1908	763.85	1919	1,663.04
1909	824.75	1920	1,640.54
1910	962.75	1921	1,319.79
1911	813.00	1922	1,114.04
股票總收益（22 年）			**$20164.72**

收益率為 4% 的債券總收益（22 年）[6]	**8,800.00**
股票與債券的收益差	**$11,364.72**

本次測試股票與債券的總績效差異如下：

1901-1922 年，股票市值增值	$10,590.00
股票與債券的收益差	11,364.72
股票超越債券的總額	$21,954.72

1904年，持有股票的收益比債券設定的4%少了6美元，其他各年股票的報酬均高於債券。

要注意的是，測試一與測試三完全根據機械性的方法選出分散得宜的股票，與測試二的選股相較之下，成績遠遠好得多。基本上，一知半解很危險，只做皮毛的分析亦然。

選股時做足完整技術分析，應該大有機會既享有多元分散的安全保障，同時創造出更高的報酬。但為了追求更高的報酬而過度深入技術分析，絕對很危險。相比之下，較為廣泛、一般性的觀點，反而有其獨特優勢。

6　請參見測試一的表3-2。

債券竟有嚴重的投機虧損？

　　我們之前已經多次談過以購買力的波動來代表美元價值變動，來說明關於本金安全性的研究，以及我們對於投資真實價值的看法，如果略過這一項要素不提，切入視角就不算適當。測試中呈現的數值提供恰當的資訊，讓我們知道測試結束時選定股票與債券的相對資本價值，但是這也留下了一個看來很值得去矯正的錯誤印象。這個印象是，1901年用1萬美元買下的股票在1922年以2萬602美元賣出，這當中賺足了極豐厚的**投機**利得，而用1萬美元買下的債券在測試結束時的價值仍是1萬美元，價值很穩定。但事實上，若以美元的購買力計算，股票只有小幅的實質價值利得，債券則是有嚴重的**投機**虧損。

　　我們以圖3-1來說明這一點。

　　本圖表不像多數圖表那麼容易判讀，因為垂直軸代表兩種不同的價值衡量指標。以本圖表中出現的所有數據（只有一項除外）來說，垂直軸代表該數據經過1901年美元購買力調整後得出的數值，「AX」這

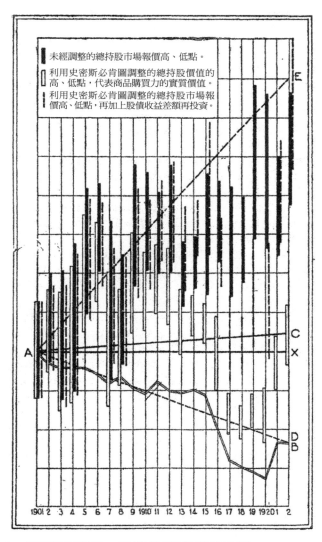

圖3-1　涵蓋測試三，股債的實質價值波動

條線則是1901年美元購買力下的1萬美元。

　　唯一的例外是垂直的實心柱（▌），這代表的是我們設定的投資人手中總持股價值的高點與低點。畫這些實心柱時，數據點未以1901年的美元購買力做調整。實心柱和「AX」相交的每一點，代表報價當年的1萬美元。

　　雙線曲線（＝）「AB」線代表1萬美元不同年度的購買力變化。

　　把「AB」線上的值當成每年的1萬美元，並以此當成新的基準，找出調整後的持股總價值高點和低點，這樣就得出垂直空心柱（▯），[7]這代表了以實質購買價值來計算的持股價值。新尺規的水平線，讓我們可以知道這些價值和1901年價值（我們投資的錢）相比之下的變動。

　　「C」點代表在測試結束時，以1901年的美元購買力計算的**股票持有部位**價值2萬602美元。

　　「D」點代表在測試結束時，以1901年的美元購

7　這要用史密斯必肯圖（Smith-Beeken chart）來繪製，這種繪圖法有助於我們計算調整後的持股總價值。

買力計算的**債券**價值1萬美元。

「AC」線顯示股票的實質價值稍有增加，「AD」線顯示債券持有部位的實質價值大幅虧損。

有一件事很有意思值得一提，這些股票的市場報價出現高點的時間（1919年與1920年），剛好和以購買力衡量的最低價值（[]）出現的時間一致。

垂直的虛線（⫶），代表原始持股的最高與最低報價，加上以股票減去債券的收益差額之後的年度再投資，並根據美元購買力做過調整。197頁的補充測試三當中會針對這一項完整說明。

重點回顧

- 測試一的選股原則為：期間交易量最大的個股。

- 儘管歷經兩次工業衰退以及史上最嚴重的戰爭，測試一（涵蓋期間：1901-1922年）仍能維持收益規律性。而從規律性、收益金額，以及最後本金的增值來說，普通股的績效也勝過債券。

- 測試二的選股原則：期間最穩定配發股利的個股。

- 測試二的績效不如測試一，但遠比債券最保守的4%收益率的成效更佳。

- 測試三的選股原則：分散產業，在各種產業中找出前景最看好的普通股。

- 測試三的結果顯示，僅有一年持有股票的收益比債券少，其餘各年股票的報酬均高於債券。

- 若以美元的購買力計算，儘管在測試期間，股票只有小幅的實質價值利得，但債券則有嚴重的投機虧損。

4

三十四年股債解析，
揭示安全的長線投資

那麼，我們要做的重要工作是，測試我們所提的「普通股是安全的長線投資」理論。

　　到目前為止，我們所做的測試限於二十世紀裡的二十年。若以組織、管理政策和多種其他因素來說，這段期間會比1866年到1900年更適合拿來與未來的二十年做比較，而且，與更早期相比，這段期間有一項很重要的差異因素在於：自1897年至今，美國經歷了通貨膨脹、美元購買力不斷下跌。1897年到1913年美元購買力緩步下跌，1914年宣戰時則轉為急跌，一直到1920年5月來到高點，之後有一段期間美元購買力快速上漲，到了現在這個期間，對於未來美元購買力將如何變化，則是眾說紛紜。如果情勢發展走上拿破崙戰爭（Napoleonic Wars）與美國國內的南北戰爭戰後的路線，預料美元的價值會逐步上漲二十五到四十年。然而，今天的情勢有太多因素不同於早期明顯可見的因素，關於未來的走勢，除了能以某種程度上的肯定說美元購買力將會持續波動之外，我們也能說出比較確切的預言。

測試四：股利殖利率最高的個股

　　那麼，我們要做的重要工作是，測試我們所提的「普通股是安全的長線投資」理論。我們以大宗商品的美元購買力為衡量準則，檢視美元購買力提高時期（如1864年到1897年）的股票表現。然而，若回顧這些年，我們會發現當時的投資環境和現今大不相同，因此，我們先取1880年到1900年這段期間，此時美元購買力提高，而且產業與投資環境也近似我們所處的狀況。

　　1880年時，工業類股並不像今天一樣是投資世界裡的要角，當時站在舞台中心的是鐵路類股。除了鐵路類股之外，當時其他類股的報價紀錄都未列交易的股數。我們最後得出的清單是所有測試中分散程度最低的，這是因為1880年紐約證券交易所裡「其他」（Miscellaneous）項下能找到的選項少之又少，相較於當今的清單，對現代投資人而言可謂別具意義。

　　因此，我們設定的投資人買進五檔鐵路股和五檔其他類股，每一檔都買到1,000美元，總投資金額接

近1萬美元，和其他測試相同。

　　選股時，我們先挑出1880年第一個星期裡交易量最大的十五檔鐵路股，從中選出以當週平均報價來算股利殖利率最高的五檔。

　　在「其他」項下選股時不考慮交易量，因為這項數值無跡可尋，所以選出的五檔代表性個股，是以當週平均報價來算股利殖利率最高的五檔。如測試二所示，這種方法並不是一種理想的根據。據此得出的列表有以下幾檔股票：

表4-1　測試四：1880-1899年

個股	1879年配息率	1880年1月的買入價	以買入價格計算的殖利率	買進股數	投資金額
亞當斯運輸快遞公司 （Adams Express Co.）	8%	106	7.55%	10	$1,060
美國運通公司	4	58	6.9	17	986
富國運輸快遞公司 （Wells Fargo Express Co.）	8	105	7.56	10	1,050
湖岸與南密西根鐵路公司 （Lake Shore and Michigan Southern Railway）	8	100	8	10	1,000
芝加哥與西北鐵路公司 （Chicago and North Western Railroad）	7	91	6.6	11	1,001

密西根中央鐵路公司 （Michigan Central Railroad）	8	90	8.8	11	990
德拉瓦、拉克瓦納和西部 鐵路公司 （Delaware, Lackawanna & Western Railroad）	2.50	42	5.95	24	1,008
普爾曼豪華車廂公司 （Pullman Palace Car Co.）	8	105	7.56	10	1,050
芝加哥、密爾瓦基與聖保 羅鐵路公司 （Chicago, Milwaukee & St. Paul Railway）	5	76	6.6	13	988
西聯電報公司	7	103	6.8[1]	10	1,030
投資總金額					**$10,163**

　　之前已經說過，美元的商品購買力在本測驗涵蓋期間不斷提高。如果不考慮其他因素，我們可以預期的是，以名目金額表示的普通股持股資本價值會下降。美元的購買力一路上漲到 1897 年，此時來到自南北戰爭以來的高點。但是其他因素也會發揮作用，因此，與預期相反的是，我們的持股以名目計算的價值提高，數字如下：

1880 年原始購入成本	$10,163
1896 年 12 月 31 日市值	13,616
1899 年 12 月 31 日市值	18,817

1　加上額外股利。

　　我們在此使用和之前測試中相同的計算收益基礎，所有權利與零股均售出，所得計入當期收益，如果收到的股票股利為整數股，則持有不計入收益，我們根據之前的普通股列表算出從 1880 年 1 月到 1899 年 12 月 31 日的每年現金報酬：

表 4-2　測試四的收益：1880-1899 年

年度	現金收益	年度	現金收益
1880[2]	$739.00	1890	$671.75
1881	879.62	1891	677.00
1882[3]	923.50	1892	734.50
1883[4]	843.75	1893	654.50
1884[5]	800.00	1894	724.50
1885	629.50	1895	650.00
1886	622.00	1896	687.00
1887[6]	654.00	1897	700.00
1888[7]	673.50	1898	885.14
1889	651.00	1899	727.78
股票總收益（20 年）			**$14,528.04**

2、3、5　芝加哥、密爾瓦基與聖保羅鐵路公司於 1880 年、1882 年和 1884 年發行認購額外股票的權利，無法找到市場報價。

4、6、7　普爾曼豪華車廂公司於 1883 年、1887 年和 1888 年發行認購額外股票的權利，無法找到市場報價。在這些情況下，不計這些權利的真實價值，因此，這幾年的收益帳目低於實際上收到的現金。

收益率為 5.5% 的債券總收益（20 年）[8]	**11,180.00**
股票與債券的收益差	**$3,348.04**

本次測試股票與債券的總績效差異如下：

1880-1899 年，股票市值增值 [9]	$8,654.00
股票與債券的收益差	3,348.04
股票超越債券的總額	$12,002.04

股債實質價值比較，1880-1899 年

　　繪製88頁、圖4-1的方法依循圖3-1的原則，以顯示測試四的持股實質價值相對波動，比較的投資對象是投資級債券的實質價值波動。

　　至於垂直的實心柱，和「AX」線相交處代表每年名目1萬美元（未經購買力調整）。

　　「AB」線是以1880年的美元為基準，換算從1880年到1899年的美元價值，這條線顯示購買力不斷提高。之後就以這個數據為新尺規，畫出調整之後

8、9　請見1923年10月20日《標準每日交易服務公告》第十卷。亦請見附錄C針對本段期間所作的債券群組收益與市場價格研究。

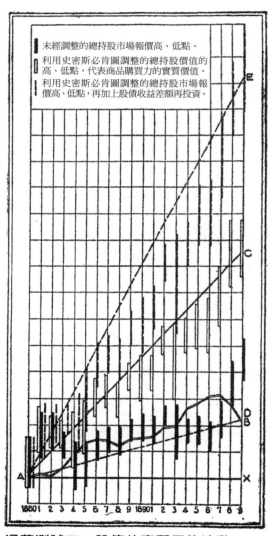

圖4-1　涵蓋測試四，股債的實質價值波動

的數據。

「C」點代表在測試結束時，以1880年的美元購買力計算的**股票持有部位**價值1萬8,817美元。

「D」點代表在測試結束時，以1880年的美元購買力計算的**債券**價值1萬美元。

「AC」線顯示，即便美元實質購買力提高，但股票的實質價值亦有增加，遠高於以「AD」線顯示債券持有部位的實質價值。

「AE」線和垂直的虛線，同樣是顯示原始持股部位，加上股債收益差額再投資的價值走勢變化，而且是以購買力調整後的實質價值。201頁的補充測試四當中會針對這一項完整說明。

前述的補充測試對目前的討論來說不重要，但之後討論發展穩健投資策略時，要加以考慮。

最具代表性的數據

南北戰爭之後，至少有某些方面和目前這段期間很像。當時，所有商品價格飛漲，美元（美鈔）購買

力在1864年來到歷史低點，直到1918年至1920年秋天（商品價格在此時崩盤，1921年又繼續），才又出現新低點。

為了進行研究，很值得去找一群在1866年之後有紀錄的普通股投資。為此，我們去找了《馬丁的八十八年波士頓股市》（*Martin's Boston Stock Market—88 years*）一書，這八十八年指的是1798年到1886年。該書中的紀錄涵蓋了新英格蘭區的多數股票。當時新英格蘭區確實是工業活動的中心，其重要性遠勝於最近的三十年，因此，我們可以把這些資料視為具代表性的數據。

測試五：時下重要且具代表性的個股

我們選擇的時間點是1866年而非1864年，是因為這兩年美元的購買力已經從1864年的低點回復，就像美元價值在1921、1922年時，從1920年的低點回復一樣。

由於沒有其他數據，我們便隨意決定讓設定的投

資人1866年時住在波士頓，受到波士頓當時的金融氛圍影響。

毫無疑問，1866年時，人在波士頓的他會先想到棉織廠類股。由於棉織是當時新英格蘭的代表性工業，我們因此理直氣壯地要他買進三檔最大型的棉織廠股票，清單如下：

阿莫斯凱格棉織廠 （Amoskeag）	1871 年資本額	$3,000,000
太平洋紡織廠 （Pacific Mills）	1871 年資本額	2,500,000
梅瑞馬克棉織廠 （Merrimack）	1871 年資本額	2,500,000

1871年時，沒有其他紡織廠的資本超過200萬美元（1866年無紀錄可查）。

接下來，一樣也很重要的產業群是鐵路業。同樣地，他根據公司的規模（以發行的普通股金額）作為選擇的標準，選出的個股為：

紐約中央與哈德遜河鐵路公司 （New York Central & Hudson River）	1871 年資本額	$90,000,000
雷丁鐵路公司 （Reading Railroad）	1871 年資本額	27,471,300

在1866年的清單上，煤氣燈公司是另一項重要類別，我們也根據公司規模指定投資人投資以下個股：

波士頓煤氣燈公司（Boston Gas & Light Company）；

劍橋煤氣燈公司（Cambridge Gas Light Company）。

接下來，他要根據公司規模買進馬車軌道公司：

大都會（馬車）軌道公司（波士頓）（Metropolitan〔horse〕Railway〔Boston〕）；

劍橋（馬車）軌道公司（Cambridge〔horse〕Railway）。

除了棉織廠之外，我們很難納入現今認知的任何工業類股，但我們在當時的道格拉斯斧頭公司（Douglas Axe）裡找到部分類似之處，因此納入這家公司，好讓這位設定的投資人的清單更多元。

當年有紀錄的只有最低與最高的報價，因此，我們必須估計1866年1月1日支付的價格。我們的預估價為1865年與1866年最高價與最低價的平均數。

1885年的價值則為1885年最高價與最低價的平

均數。因此，投資人的清單如下：

表4-3 測試五，波士頓：1866-1885年

票面價	公司	價格	購入股數	投資金額
$1,000	阿莫斯凱格棉織廠	$1,280	1	$1,280
1,000	太平洋紡織廠	1,890	1	1,890
1,000	梅瑞馬克棉織廠	1,220	1	1,220
100	紐約中央與哈德遜河鐵路公司	100	8	800
50	雷丁鐵路公司	52	16	832
500	波士頓煤氣燈公司	770	1	770
100	劍橋煤氣燈公司	97	9	873
50	大都會（馬車）軌道公司（波士頓）	51	18	918
100	劍橋（馬車）軌道公司	95	9	855
100	道格拉斯斧頭公司	115	5	575
	總投資金額			$10,013

每年的投資收益報酬如下：

表4-4 測試五的收益，波士頓：1866-1885年

年度	現金收益	年度	現金收益
1866	$1,093.00	1876	$687.00
1867	1,106.00	1877	752.00
1868	976.80	1878	674.50

1869	1,018.30	1879	729.00
1870	925.00	1880	812.00
1871	970.00	1881	800.00
1872	1,085.00	1882	663.00
1873	966.00	1883	569.50
1874	891.50	1884	519.00
1875	761.25	1885	565.00
股票總收益（20 年）			**$16,563.85**
1 萬美元債券總收益（20 年）[10]			**12,155.00**
股票與債券的收益差			**$4,408.85**

揭開貨幣購買力提高背後的報酬真相

關於權利、股利的處理方式，則和前述測試所套用的原則相同。我們發現，在這段可能是美國史上貨幣購買力最大幅增值的期間之後，這位投資人的持股在1885年時市價為1萬 936美元，實質上有增加。如果除了美元購買力提高之外，沒有其他因素影響股票價值，預期的結果應該是大幅下降。

非常明顯的是，還有其他因素影響我們的普通股價值，在我們完整檢視之前，要先去做一件事：找出

---

10 請見附錄A針對這段期間的債券專題研究。

是什麼因素。

　　在這段期間，債券投資的資本價值明顯提高，我們以不同的表格來呈現股票優於債券的績效：

	債券	股票
總收益	$12,155.00	$16,563.85
1885 年的價值	12,395.00	10,936.00
	$24,550.00	$27,499.85
1866 年的原始成本	10,030.00	10,013.00
總利得	$14,520.00	$17,486.65
		14,520.00
股票優於債券的淨績效		**$2,966.85**

　　96頁、圖4-2的基礎和圖例和圖3-1及圖4-1相同，差別是所示的相對實質價值基礎是1866年的美元。在圖4-2中，代表債券實質價值的「AD」線的上漲趨勢，超越代表股票實質價值的「AC」線。然而，測試五得出的數值顯示，就算未再投資，股票的超額收益已經抵銷了債券實質價值的漲幅。「AE」線顯示股票持有部位，加上股債收益差額再投資的實質價值波動，在205頁的補充測試五中有相關說明。

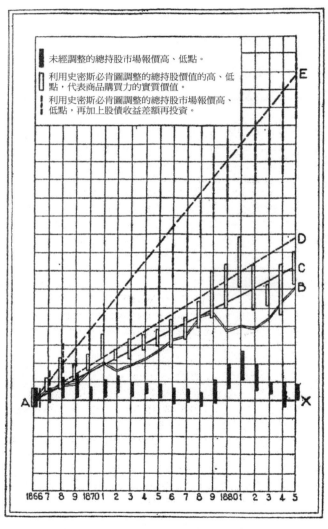

圖4-2　涵蓋測試五，股債的實質價值波動

重點回顧

- 測試四的選股原則為：在美元購買力提高、鐵路類股最熱門的時期，選擇股利殖利率最高的十檔（五檔鐵路股；五檔其他類股）。

- 即便美元實質購買力提高，但股票的實質價值亦有增加。

- 測試五的選股原則為：依當時的金融氛圍及產業重要性來選股，創造多元清單。

- 儘管測試期間，債券投資的資本價值明顯提高。但由測試五得出的數值顯示，就算未再投資，股票的超額收益已經抵銷了債券實質價值的漲幅。

5

環境危險極了！
但股市仍屹立不搖

普通股裡自有一股不受美元購買力波動影響的力量，可以解釋為何即便理論上來說，這段期間債券的表現應該優於股票，但是後者仍然屹立不搖。

　　測試五涵蓋期間為1866年到1885年，到目前為止是意義最深遠的一項測試。這段期間是美國金融與工業史上一段很不尋常的時間，可以預料的是，此時各式各樣的因素都會對獲利能力造成負面衝擊，到頭來終究影響普通股的價值，但在此同時卻有利於長期債券。

　　在檢視本測試的重要性時，很值得檢討一下本段期間發生的一些情況：

股價指數上下震盪

　　1866年時的鮑伯森股價指數（Babson's index of stock prices），並不及1864年1月時（高於140點）的高點水準。1865年時下跌低至90點，1866年1月時又漲至113點，1867年跌至92點，1869年漲至116點。指數從1869年開始穩定下跌，一直到1877年時來到56點。1881年時指數再度漲到122點，1884年時跌至78點，1885年時來到98點。

　　從1885年到1900年，股票就不像1866年到1885

年間這樣大起大落了。但我們也看到，在這段期間，測試五選出的多元分散清單上的股票創造出非常穩定的收益報酬。

美元走勢與「黑色星期五」金融危機

1861年12月30日銀行暫停兌換金屬貨幣。

1862年1月1日，黃金的名目報價等於幣面價。1864年，黃金的價格從222美元漲到285美元（7月1日），同日又跌回225美元。1869年9月24日發生「黑色星期五」，這場風暴背後的起因，是有人試著壟斷黃金的供給。（按：當天時任美國總統突然宣布拋售價值400萬美元的黃金，購回戰時發行鈔票，以阻止投機行為，導致金價大幅下跌。）

以美元的商品購買力來看，1864年時來到低點，之後是快速且幾乎連續不斷地上漲，一直到1878年才稍微下跌，等到1885年，美元的購買力已經來到1864年以來的新高點。

在拿破崙戰爭之後，美元就再也沒有出現過類似

的走勢，至今仍沒有重現，未來或許會再見到類似的
動向。但就算歷史重演，美元自1920年以來早已經
快速增值，一開始就減弱走勢的力道。美元的購買力
自1920年之後的復甦，和1864年到1867年期間最初
的動向很相似，但是速度快很多，1915年以來的下
跌幅度幾乎已經漲回五分之二。

　　以美元購買力的變化而言，1866年到1885年是
最有利於長期債券、最不利於買進普通股的期間。然
而，我們在本書後文會發現，普通股裡自有一股不受
美元購買力波動影響的力量，可以解釋為何即便理論
上來說，這段期間債券的表現應該優於股票，但是後
者仍然屹立不搖。

商業票據利率觀察

　　這段期間商業票據（commercial paper）的每月
平均利率高點和低點資料如下：[1]

1　利率數據來自於哈佛經濟服務（Harvard Economic Service）1923年1月的
　《經濟統計評論》（*Review of Economic Statistics*）。

年度	低點	高點	
1866	5.45%	7.95%	
1867	7.00	10.00	
1868	6.40	10.15	
1869	7.60	11.70	本段期間利率平均高於 8%
1870	5.10	8.95	
1871	4.85	9.80	
1872	6.00	12.35	
1873	6.50	17.00	經濟恐慌
1874	5.45	7.40	
1875	4.30	6.65	
1876	3.60	6.45	
1877	4.00	7.25	
1878	3.60	5.85	
1879	3.80	6.25	
1880	4.45	6.00	本段期間利率平均高於 6%
1881	3.50	6.25	
1882	4.62	6.75	
1883	4.75	6.38	
1884	4.62	5.95	
1885	3.50	4.69	

　　在這段期間之後，得等到1893年因經濟恐慌，才使商業票據的利率再度攀升至8%（為期兩個月）；1896年因自由鑄造銀幣的威脅而升至8%兩個月；

1907年因經濟恐慌而升至8%一個月，以及1919年出現兩個月。另外也該一提的，是1924年利率普遍走低。

如果以買入價計算的殖利率為準，投資人在1873年之後的任何時期買進長期付息債券，都比不上1866年到1873年這段期間這麼有利（1920年有一段時間或許是例外）。

1873 年經濟恐慌：銀行破產、交易所關閉

這一次的恐慌，肇因是1873年9月18日庫克投資銀行（Jay Cooke & Co.）破產，緊接著，9月20日又有其他頂尖的銀行業者跟著破產，共兩家信託公司、三家銀行以及聯邦銀行（Bank of the Commonwealth）倒閉。

有史以來第一次，紐約證券交易所關閉十日；紐約各銀行暫停兌現，全美各銀行自9月22日起也起而效尤，持續四十天。這是一次止付中的止付，因為美國自1861年已經停止支付黃金。

　　英國也感受到了這次經濟恐慌，他們因應之道是英格蘭銀行（Bank of England）將利率從3%調高到9%。

　　經濟恐慌在之後好幾年都對商界造成嚴重影響，一直要到1879年才完全復甦。[2]

1884年經濟恐慌：復甦無望、銀行倒閉

　　美國加菲爾總統（President Garfield）1881年遇刺，經濟復甦之路也因此被阻斷，接下來出現一連串的反應與清算行動，企業只能靠著合營（pooling of interest）自救，到了1884年，已經有六家紐約的銀行倒閉。

　　根據上述的摘要可看出，就1866年到1885年，普通股和債券投資的測試與比較而言，這段期間完全不利於普通股，反而對長期債券大大有利。

2　請參見《馬丁的八十八年波士頓股市》。和本期間相關的其他評論大致上也出於本書。

重點回顧

- 測試五涵蓋期間為1866年到1885年，在此期間股價指數上下震盪、美元購買力自低點上升、商業票據的利率數據也利於債券，加上兩大經濟恐慌，有各式各樣的因素影響普通股的價值。
- 然而，普通股裡自有一股不受美元購買力波動影響的力量，可以解釋為何即便理論上來說，這段期間債券的表現應該優於股票，但是後者仍然屹立不搖。

6

三十七年股債解析，
回溯報酬長河

我們再一次看到，各種產業中企業規模最大的十檔股票撐過了兩次的經濟恐慌，以及美國對西班牙的戰爭，每年的收益均超過買進投資級債券的報酬。

　　在測試普通股的地位時，如果想知道這段期間有
重要，我們還可以做一點其他測試。

測試六：多元、第二大公司的個股

　　在測試六中，我們使用如測試五中的綜合性股票
分類，差別在於挑選第二大的公司，得出的列表如
下。我們選出了兩檔工業股，但只選出一檔馬車軌道
股，因為後面這種類股有兩家都沒有完整的紀錄。這
次測試裡選出的個股無疑不利於我們所提的主張，因
為其中一檔工業股 ── 波士頓製糖公司（Boston
Sugar Refinery）在第七年之後就不再支付股利，
1885年市價為82美元，相較之下，1866年的買入價
格為887美元；另一檔工業類股波士頓與洛斯貝瑞紡
織公司（Boston and Roxbury Milling Corporation），
其股利發放的頻率則非常不固定。

　　此外，也應該要理解的是，當我們檢視1866年
波士頓證券交易所的上市企業時，列表非常簡短。為
了挑出二十檔符合標準的股票，我們不得不去看更次

類的產業。相較之下，今天就算要挑選幾百檔個股，也都可以在比較大的產業中找到。

本測試的選股清單如下：

表6-1　測試六，波士頓：1866-1885年

票面價	公司	價格	買進股數	投資金額
$690	洛威棉織廠（Lowell Cotton Mill）	890	1	$890
100	亞特蘭大棉織廠（Atlantic Cotton Mills）	90	11	990
100	貝茲棉織廠（Bates Cotton Mill）	160	6	960
100	芝加哥、伯靈頓和昆西鐵路公司（Chicago, Burlington and Quincy Railroad）	119	9	1,071
100	密西根中央鐵路公司	104	9	936
100	雀爾喜煤氣燈公司（Chelsea Gas Light）	93	11	1,023
100	南波士頓煤氣燈公司（South Boston Gas Light）	101	11	1,111
100	米德賽斯（馬車）軌道公司（Middlesex〔Horse〕）	58	18	1,044
1,000	波士頓製糖公司	887	1	887
無票面價	波士頓與洛斯貝瑞紡織公司	43	25	1,075
	總投資金額			$9,987

這些股票的實際收益，和1866年買進的最佳債券收益比較如下：

表6-2　測試六的收益，波士頓：1866-1885年

年度	現金收益	年度	現金收益
1866	$908	1876	$407
1867	684	1877	409
1868	761	1878	529
1869	888	1879	425
1870	868	1880	539
1871	903	1881	1,136
1872	1,154	1882	540
1873	719	1883	472
1874	457	1884	457
1875	491	1885	422
股票總收益（20年）			**$13,169**
1萬美元債券總收益（20年）[1]			**12,155**
股票與債券的收益差			**$1,014**

　　從上表可見，股票的收益報酬再度勝出，但是，這一次的幅度縮小，而且報酬也變得更不穩定。

　　1885年時，這些股票的市值出乎我們的意料之外，反而是小漲局面：

1866年原始購買成本	$9,987
1885年預估價值	10,326

1　請見附錄A針對這段期間的債券專題研究。

同時計入資本增值與收益報酬，投資人在1866年買入的債券表現會勝過這些股票，但是差額僅有1,012美元，細目如下：

	債券	股票
總收益	$12,155	$13,169
1885 年的價值	12,395	10,326
	$24,550	$23,495
1866 年的原始成本	10,030	9,987
總利得	$14,520	$13,508
	13,508	
債券優於股票的淨績效	**$1,012**	

測試七：特定產業市值最高、穩定配發股利的個股

就像我們之前說過的，如果以美元購買力提高來看的話，1866年到1885年對普通股來說是最不利的一段期間。然而，另一段期間也很值得一探，那就是1892年到1911年。1892年股價來到高點，之後，因為1893年的經濟恐慌而暴跌。恐慌後隨之而來的，

是一次最嚴重的產業蕭條，極大量的企業紛紛倒閉或重整。

　　進行測試時，我們假設在1892年1月時買入十檔股票，選擇標準如下：

　　1. 選擇1892年時總市值最高的鐵路與工業類股。

　　2. 然後根據產業分組。

　　3. 以1892年之前的三到五年配發股利的穩定性為準，在每一個小組中選出一至兩檔個股。

　　得出的清單如下：

表6-3　測試七：1892-1911年

普通股	股數	1892年第一週的平均股價	投資金額
芝加哥與西北鐵路公司	9	116	$1,044
紐約中央與哈德遜河鐵路公司	9	116	1,044
芝加哥、伯靈頓和昆西鐵路公司	9	106	954
西聯電報公司	12	84	1,008
聯合煤氣公司 （Consolidated Gas Co.）	10	104	1,040
普爾曼豪華車廂公司	5	185	925

萊因煤礦與運輸公司 （Leigh Coal & Navigation Co.）	20	49	980
亞當斯運輸快遞公司	7	148	1,036
美國運通公司	9	117	1,053
愛迪生電燈公司（紐約） （Edison Electric Illuminating〔N.Y〕）	12	80	960
總投資金額			**$10,044**

測試七中的股票資本增值如下：

表6-4　測試七的收益：1892-1911年

1892 年 1 月原始購買成本	$10,044
1911 年 12 月 31 日市值	17,419

年度	現金收益	年度	現金收益
1892	$661.75	1902	$687.60
1893	556.00	1903	711.60
1894	557.75	1904	896.60
1895	514.50	1905	737.60
1896	519.00	1906	852.50
1897	519.00	1907	780.60
1898	691.50	1908	756.20
1899	591.60	1909	799.60
1900	608.60	1910	1,013.35
1901	661.60	1911	831.85
股票總收益（20 年）			**$13,948.80**

債券總收益（1892 年的收益率為 4.80%）[2]	**9,600.00**
股票與債券的收益差	**$4,348.80**

我們再一次看到，各種產業中企業規模最大的十檔股票撐過了兩次的經濟恐慌，以及美國對西班牙的戰爭，每年的收益均超過買進投資級債券的報酬。普通股在這段期間資本增值達 74%。

本次測試中股票優於債券的表現總細目如下：

1892-1911 年，股票市值增值	$7,375.00
股票與債券的收益差	4,348.80
股票超越債券的總額	$11,723.80

尋求報酬真相

在研究上述幾項測試的持股價格高點與低點時，顯而易見的是，如果我們在 1906 年 1 月買進測試一中選的股票，從買入之後到 1922 年 12 月時將會出現資本虧損。換言之，1901 年中選的股票在 1906 年的平均賣價比 1922 年時更高。

2　請見 1923 年 10 月 20 日《標準每日交易服務公告》第十卷。

　　我們不太強調測試一，因為測試一的選股方法很隨意，但由於用任意方法選出來的股票在1906年的賣價高於1922年，這一點指向很值得針對這十七年做一次測試。

　　因此我們又做了一項研究，如測試八與測試八a所示。至於為何會再做一次測試，後文會詳加說明。

測試八：規模最大公司的個股

　　測試八的目標，是從多種產業中選出規模最大的公司。因此，我們先挑出股票發行規模最大的鐵路公司（為賓州鐵路公司〔Pennsylvania Railroad〕）。之後，我們以流通在外的普通股規模為基準，列出最大的工業性企業，[3]如果某家企業出線，但其所屬產業之前已經有選中的個股，那就刪掉該公司。

　　根據這套選股標準，我們選出以下個股作為測試基礎：

3　參見1906年1月《商業與金融紀事報》的鐵路與工業部分。

表6-5   測試八：1906-1922年

1906 年 流通在外的 普通股規模	公司	買進 股數	買入 價格	投資 金額
$302,749,000	賓州鐵路公司	15	72	$1,080
508,302,500	美國鋼鐵公司 （U.S. Steel Corp.）	25	43	1,075
153,888,000	混合銅業公司	10	110	1,100
131,551,400	美國電話電報公司 （American Telephone and Telegraph Company）	7	141	987
98,338,300	標準石油公司	1	697	697
80,000,000	聯合煤氣公司（紐約）	5	181	905
74,000,000	普爾曼豪華車廂公司	4	244	976
54,356,000	奇異電氣公司 （General Electric Co.）	6	178	1,068
49,932,735	國際商業海運公司 （International Mercantile Marine）	79	13	1,027
45,215,500	玉米產品公司 （Corn Products）	57	19	1,083
	總投資金額			$9,998

這些普通股的市值上漲細目如下：

1906 年原始購入成本	$9,998.00
1922 年 12 月 29 日市值	14,135.25
資本利得	$4,137.25

　　十五檔投資級鐵路債券在 1922 年的收益率為
4.88%，這代表除非持有所有債券到期滿、且在選的
估值日期全額償付，否則的話，在本段期間持有債券
的人都要承受本金虧損。然而，且讓我們假設資本並
無虧損，這位投資人放棄債券、持有股票的利得為：

1906-1922 年，股票市值增值	$4,137.25
股票與債券的收益差	2,513.80
股票超越債券的總額	$6,651.05

　　這些證券每年的收益細目如下（其計算基礎，和
之前測試所使用的方法相同）：

表6-6　測試八的收益：1906-1922年

年度	現金收益	年度	現金收益
1906	$498.53	1914	$466.19
1907	429.00	1915	401.39
1908	364.00	1916	559.94
1909	382.75	1917	787.96
1910	458.00	1918	796.86
1911	499.25	1919	509.46
1912	443.97	1920	709.26
1913	534.25	1921	656.46
		1922	680.53

股票總收益（17 年）	**$9,177.80**
收益率為 3.92% 的債券總收益（17 年）[4]	**6,664.00**
股票與債券的收益差	**$2,513.80**

測試八 a：改以配發股利的個股取代

　　測試八納入了兩檔買進當時並未支付股利的股票，其中一檔是國際商業海運公司，在我們選定的十七年期間完全未付股利。另一檔是玉米產品公司，1906 年買進時重整併入玉米產品精煉公司（Corn Products Refining Company），在假設的買進日之後有十四年都沒有配發股利。

　　1906 年時，任何謹慎的投資人都不會在純為了投資的目標清單中納入這兩檔。把這兩檔股票納入測試八，是為了凸顯分散投資的力量，可以抵銷誤判個別股票或產業所造成的後果。

　　但從事實上來看，持有玉米產品公司的股票資本

4　為 1906 年 1 月時能買進十五檔投資級鐵路債券的平均收益率，請見標準統計服務（Standard Statistics Service）的報表。

額從 1,083 美元增至 4,978 美元，淨利得為 3,895 美元，看起來，這很值得我們去做一次補充測試，以確認這檔股票是否表現太好，以至於結果偏向於有利普通股。

要測試這一點，我們同時刪掉國際商業海運與玉米產品公司，根據的理由是一般認為不應買入在購買時已知不配發股利的個股。[5]

之後，我們再檢視當天的選股清單，選出兩家發行普通股數多且有發放股利的公司。

利用這種方法，我們用以下兩家公司取而代之：

1906 年流通在外的普通股規模	公司	買進股數	買入價格	投資金額
$45,000,000	美國製糖公司	7	154	$1,078
35,000,000	斯威福特公司	10	104	1,040
	替代公司的股票市值			$2,118

與測試八中被刪除的兩檔個股相比，用這兩檔取代的投資成本多了 8 美元，因此，測試八 a 的投資金

5　當然，如果能做更完整的分析，就會知道這一點並不是很穩健的假設。

額為 1 萬 6 美元。

　　測試八 a 的收益報酬顯然比測試八高了許多，但是資本增值的幅度變小了，細目如下：

表 6-7　測試八 a：1906-1922 年

年度	現金收益	年度	現金收益
1906	$626.53	1914	$585.19
1907	548.00	1915	522.89
1908	483.00	1916	1,022.27
1909	503.45	1917	1,081.96
1910	577.00	1918	1,019.36
1911	619.25	1919	675.46
1912	562.97	1920	747.26
1913	653.25	1921	561.21
		1922	548.53
股票總收益（17 年）			**$11,337.58**
收益率為 3.92% 的債券總收益（17 年）			**6,664.00**
股票與債券的收益差			**$4,673.58**

　　資本增值部分如下：

1906 年原始購入成本	$10,006.00
1922 年 12 月 29 日市值	10,270.50
資本利得	$264.50

本次測試中股票超越債券的總額如下：

1906-1922 年，股票市值增值	$264.50
股票與債券的收益差	4,673.58
股票超越債券的總額	$4,938.08

重點回顧

- 測試六的選股原則為：以多元分散為主，並挑選第二大的公司。

- 測試六的結果顯示，當同時計入資本增值與收益報酬，債券表現小勝股票。

- 測試七的選股原則為：期間總市值最高的鐵路與工業類股，並依產業分組，再從各小組中選擇穩定配發股利的個股。

- 測試七的結果顯示，普通股在測試期間（歷經經濟恐慌、戰爭）資本增值仍達74%。

- 測試八的選股原則為：從多種產業中選出規模最大的公司。

- 測試八a則刪掉兩檔測試八中、未配發股利的個股，改以發行普通股數多、且有發放股利的公司取代。

- 測試八a的收益報酬顯然比測試八高了許多，但是資本增值的幅度變小。

7

二十世紀的大型績優股

我們的數據指出，三家規模最大的鐵路公司能大大提升
之前測試的成果。

　　一般人的印象是，鐵路股雖然在十九世紀下半葉是優質的普通股投資，但1900年之後的表現很讓人失望。在紐約或波士頓，一講起鐵路這個話題，一定會聽到誰誰誰投資紐約、紐哈芬與哈特福鐵路公司（New York, New Haven & Hartford Railroad）普通股的慘痛經驗。

　　鐵路股的獲利能力遜於工業股，這個概念廣受認同，很值得我們拿來測試。因此，我們做了三項測試，在1901年分別用三筆1萬美元的資金投資鐵路公司的普通股，持有原始投資直到1922年12月。這和測試一、二和三所涵蓋的期間相同，但是之前的測試投資標的只涵蓋工業股。

　　我們首先選擇的鐵路股，是在1901年時流通在外的普通股加特別股規模最大的公司。我們做這一行，消息靈通，但發現大名鼎鼎的紐約、紐哈芬與哈特福鐵路公司並未名列清單的前二十名，某種程度上也很訝異。

　　以這項標準作為起點，我們選出三群、各十檔股票來當作測試的根據。

測試九選出的是十檔發行股票規模最大的鐵路公司。

測試十選出的是十檔發行股票規模最大、且1900年配發普通股股利的鐵路公司。

測試十一涵蓋的是十檔發行股票規模最大、但1900年並未配發普通股股利的鐵路公司。

我們不希望最後這三項測試營造出不當的印象，讓人覺得我們建議只投資鐵路股、完全排除其他類股。然而，我們之所以做這些測試，確實是為了證明如果在測試一、二、三中納入鐵路股，並不會對測試結果造成負面影響。我們的數據指出，三家規模最大的鐵路公司能大大提升之前測試的成果。

測試九：規模最大的鐵路股

本項測試涵蓋1901年流通在外股票規模最大的十檔鐵路公司：

表7-1　測試九：1901-1922年

普通股	買進 股數	1901年 1月12日 當週平均 價格	投資 金額
艾奇遜、托皮卡和聖塔菲鐵路公司 （Atchison, Topeka & Santa Fe Railroad）	20	48	$960
南太平洋鐵路公司 （Southern Pacific）	23	44	1,012
聯合太平洋鐵路公司 （Union Pacific）	12	82	984
南方鐵路公司 （Southern Ray）	45	22	990
伊利鐵路公司 （Erie Railroad）	37	27	999
北太平洋鐵路公司 （Northern Pacific）[1]	12	85	1,020
賓州鐵路公司	13	75	975
雷丁鐵路公司	80	13	1,040
紐約中央與哈德遜河鐵路公司	7	145	1,015
巴爾的摩與俄亥俄鐵路公司 （Baltimore & Ohio）	12	85	1,020
總投資金額			**$10,015**

　　在這十檔股票當中，南方鐵路公司和伊利鐵路公司在這段期間內都未發放股利，上述投資組合的收益

---

[1] 這檔股票1901年在紐約證券交易所的賣價高達每股700美元，私下交易據報達每股1,000美元。然而，為了做測試，還是把這檔股票留在清單裡。1922年12月31日時，這檔股票的價格為每股76美元，出現虧損。

報酬如下：

表7-2 測試九的收益：1901-1922年

年度	現金收益	年度	現金收益
1901	$288.00	1912	$848.00
1902	316.00	1913	928.00
1903	334.00	1914	1,023.85
1904	331.00	1915	911.00
1905	486.00	1916	911.00
1906	631.75	1917	953.00
1907	764.25	1918	897.50
1908	884.87	1919	920.00
1909	758.00	1920	860.00
1910	853.25	1921	850.25
1911	849.75	1922	832.25
股票總收益（22年）			$16,431.72
收益率為4%的債券總收益（22年）[2]			8,800.00
股票與債券的收益差			$7,631.72

　　本次測試持股在1901年12月31日的市值為1萬6,118美元，與1901年的買價相比，增值了6,103美元。這些鐵路股在本段期間超越債券的績效總額摘要如下：

2　請參見測試一、二、三。

1906-1922 年，股票市值增值	$6,103.00
股票與債券的收益差	7,631.72
股票超越債券的總額	$13,734.72

測試十：規模大且有配發股利的鐵路股

本項測試涵蓋 1901 年流通在外的特別股與普通股規模最大、且 1900 年有支付股利的十檔鐵路公司，據此按規模列出的清單如下：

表 7-3　測試十：1901-1922 年

普通股	買進股數	1901 年 1 月 12 日 當週平均 價格	投資 金額
聯合太平洋鐵路公司	12	82	$984
北太平洋鐵路公司 [3]	12	85	1,020
賓州鐵路公司	13	75	975
紐約中央與哈德遜河鐵路公司	7	145	1,015
巴爾的摩與俄亥俄鐵路公司	12	85	1,020
芝加哥、伯靈頓和昆西鐵路公司	7	143	1,001
大北方鐵路公司 （Great Northern）	5	190	950

3　請參見第七章附注 1。

加拿大太平洋鐵路公司 （Canadian Pacific）	11	92	1,012
芝加哥、密爾瓦基與聖保羅鐵路公司	7	148	1,036
芝加哥與西北鐵路公司	6	172	1,032
總投資金額			**$10,045**

上述清單的年收益報酬如下：

表7-4　測試十的收益：1901-1922年

年度	現金收益	年度	現金收益
1901	$428.00	1912	$630.50
1902	466.00	1913	630.50
1903	489.50	1914	726.85
1904	492.00	1915	610.00
1905	507.00	1916	617.25
1906	565.25	1917	727.00
1907	664.25	1918	582.50
1908	750.87	1919	605.00
1909	614.00	1920	533.00
1910	638.25	1921	616.25
1911	646.25	1922	545.50
股票總收益（22 年）			**$13,085.72**
收益率為 4% 的債券總收益（22 年）[4]			**8,800.00**
股票與債券的收益差			**$4,285.72**

4　請參見測試一、二、三。

本次測試持股在1922年12月31日的市值為9,089美元，與1901年的買價相比，虧損了956美元，但若考慮收益的差額，這些鐵路股在本段期間超越債券的績效總額摘要如下：

股票與債券的收益差	$4,285.72
股票市值虧損	956.00
股票超越債券的總額	$3,329.72

測試十一：規模大、但未配發股利的鐵路股

測試過1900年配發股利的十家規模最大鐵路公司之後，再測試十家規模大、但1900年時不配發股利的鐵路公司，顯然是適當之舉。據此，我們得出的清單如下：

表7-5　測試十一：1901-1922年

普通股	買進股數	1901年1月12日當週平均價格	投資金額
艾奇遜、托皮卡和聖塔菲鐵路公司	20	48	$960
南太平洋鐵路公司	23	44	1,012
南方鐵路公司	45	22	990
伊利鐵路公司	37	27	999
雷丁鐵路公司	80	13	1,040
諾福克與西方鐵路公司 （Norfolk & Western）	22	45	990
科羅拉多與南方鐵路公司 （Colorado & Sourthern）	134	7.50	1,005
密蘇里、堪薩斯與德州鐵路公司 （Missouri, Kansas & Texas）	63	16	1,008
丹佛與里約格蘭鐵路公司 （Denver & Rio Grande）[5]	30	33	990
堪薩斯市南方鐵路公司 （Kansas City Sourthern）	72	14	1,008
總投資金額			**$10,002**

這份清單每年的收益如下：

5　該公司於1918年1月25日由指定破產管理人接管，我們以市場價格（每股 4美元）出售本檔個股，並以測試二中類似案例的原則，假設處分的金額 能獲得的收益是4%。

表7-6　測試十一的收益：1901-1922年

年度	現金收益	年度	現金收益
1901	$114.00	1912	$764.00
1902	135.00	1913	710.00
1903	146.00	1914	710.00
1904	146.00	1915	710.00
1905	297.00	1916	748.50
1906	406.50	1917	756.00
1907	510.75	1918	736.80
1908	754.00	1919	736.80
1909	775.00	1920	736.80
1910	876.00	1921	1,138.80
1911	881.50	1922	1,160.80
股票總收益（22年）			**$13,950.25**
收益率為4%的債券總收益（22年）[6]			**8,800.00**
股票與債券的收益差			**$5,150.25**

　　本次測試持股在1922年12月31日的市值為2萬1,992美元，與1901年的買價相比，增值了1萬1,990美元。

6　請參見測試一、二、三。

　　這些鐵路股在本段期間超越債券的績效總額摘要如下：

1906-1922 年，股票市值增值	$11,990.00
股票與債券的收益差	5,150.25
股票超越債券的總額	$17,140.25

重點回顧

● 測試九的選股原則為：期間十檔發行股票規模最大的鐵路公司。

● 測試十的選股原則為：期間十檔發行股票規模最大、且1900年配發普通股股利的鐵路公司。

● 測試十一的選股原則為：期間十檔發行股票規模最大、但1900年並未配發普通股股利的鐵路公司。

● 數據顯示，即使納入獲利能力稍遜的鐵路股，也不會對測試結果造成負面影響。相反地，三家規模最大的鐵路公司能大大提升之前測試的成果。

8

股市新圖表：
見證本金複利的力量

根據簡單、廣泛的多元投資所選出的分散得宜普通股組合，對應了某個基本因素，使得普通股具備了優於投資級債券的優勢，成為更好的長期投資標的。

　　我們所做的這些測試本身並沒有決定性的結論，但綜合來看，顯然指向根據簡單、廣泛的多元投資所選出的分散得宜普通股組合，對應了某個基本因素，使得普通股具備了優於投資級債券的優勢，成為更好的長期投資標的。然而，由於一般人已經認定普通股很投機，除非我們解析出這項基本因素，去衡量它在不同市況下的力道，並評估它未來持續發揮作用的可能性，不然我們很難提出合理的論據，支持普通股是替代投資級債券的長期投資標的。

　　因此，我們很樂於進一步研究集結的數據，從中看出從最早期持有普通股至今會有什麼結果。

小心圖表騙了你

　　一般用來說明普通股市場波動的數據和圖表，在這方面毫無價值，因為它們忽略了股票股利、股票分割（subdivision of shares）、證券在交易時被賦予的不同特性，以及普通股股東在一段不特定期間，以持股形式保有原始持股配得的資本分配、從而引發的各

種變化。

　　經濟學家已經理解發布這些數據圖表可能造成嚴重的錯誤判斷，但是由於用較抽象的方式呈現股市波動並不受青睞。一直到最近，標準每日交易服務才決定要改變他們的股市圖表基礎，並在1923年10月25日的公告（第三十卷第219頁以及之後）明確說明這些改變的性質以及背後的理由。為了說明這些不考慮股票股利的圖表會呈現出哪些錯誤樣貌，我們引用前述的公告，請見以下：

　　以紐澤西標準石油公司為例，該公司在1922年晚期公布每股配4美元。

　　1922年7月1日，這檔個股的賣價為181美元，1923年7月1日則為32美元，兩個日期之間的**股價**跌幅達82.3%。

　　1922年7月1日，紐澤西標準石油公司的總市值為7億2,200萬美元，1923年7月1日為6億3,800萬美元，**市值**僅減少了11.6%。

　　這是一般股市圖表中會潛藏的一類錯誤。至於其他，假設一家公司市值為1,000萬美元，當該公司的價格變動10點，以股市慣用的圖表曲線來說，顯現出來的影響會是美國鋼鐵公司股價變動1點的十倍，但是，美國鋼鐵公司股價（按：請參考測試八，其在外流通股約為5億美元）變動的權重，本應為流通在外股份為1,000萬美元公司的五十倍。

持股組合如何影響投資特性？

　　我們因此不得不利用手邊的數據自行建構統計數列，為達目的，我們選擇以下數據構成測試基礎：

表8-1　測試五，1866-1885年

三家棉織廠	兩家煤氣燈公司
兩家鐵路公司	兩家馬車軌道公司
一家斧頭公司	

表 8-2　測試四，1880-1899 年

三家運輸快遞公司	一家鐵路設備公司
五家鐵路公司	一家電報公司

表 8-3　測試七，1892-1911 年

三家鐵路公司	一家煤礦公司
一家電報公司	兩家運輸快遞公司
一家煤氣電力公司	一家電燈公司

表 8-4　測試三，1901-1922 年

一家運輸快遞公司	一家電車公司
一家煤礦、鐵礦與鋼鐵公司	一家煤氣電力公司
一家鐵路設備公司	一家菸草公司
一家鋼鐵公司	一家橡膠公司
一家電報公司	一家製糖公司

這樣一來，我們就有了四組不同持股組合的數據，涵蓋期間從 1866 年到 1922 年。沒有任何一組數據涵蓋整段期間，但是有幾個組合的涵蓋期間有重疊，如果可以驗證不同股票組合在重疊年度有相同的投資報酬率，就可以支持我們的看法：假設我們在這

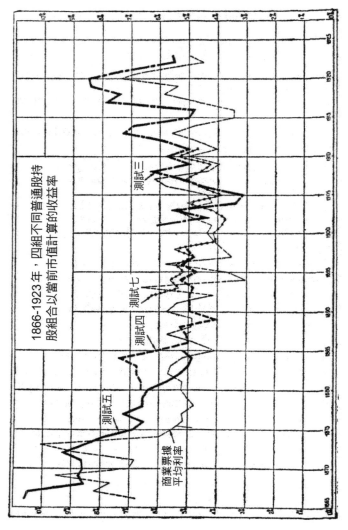

圖 8-1　四組持股組合的收益率

幾年以市價轉換成不同的普通股組合，並不會大幅改變持股的投資特性。

為了檢視這是否有可能，我們用以下數據為基準畫出了圖8-1：

1. 每一個持股組合以每年平均市價計算的收益率。

2. 六十到九十天期商業票據的年平均利率。

快速瀏覽圖8-1，顯然能看出某種一致性：

1. 以持股組合重疊的年度來看，幾組持股以目前市價計算的股利殖利率之間有一致性。

2. 以圖8-1涵蓋的期間來看，所有持股組合的收益率和商業票據利率之間有一致性。如果兩者之間的關係有時無法維繫，之後就會出現調整。

我們進一步發現，在各持股組合兩兩互相重疊的期間，有三個資料點上以組合賣價為基礎計算的收益

率基本上是一樣的,因此可以視為投資報酬率相同。
這些資料點出現在 1880 年、1897 年和 1906 年。

　　圖 8-1 顯示不同組合的收益率之間有一致性。我
們使用的這四群持股組合,是用不同的原則選出的個
股,以這幾個組合的數據編纂序列能得出一致性,或
許代表我們也可以更廣泛地套用結果,而不限於使用
涵蓋完整期間的單一持股組合得出的數據序列。

本金持續增值的神祕力量

　　我們確認幾個持股組合的市場行為有一致性之
後,繼續建構圖 8-2,想要證明從 1837 年到 1923 年的
八十六年期間內,若投資約 5,000 美元買入一群分散
的普通股並持續持有,投資績效也會遵循前述的趨
勢。而建構圖表的方法,後文會有完整說明。

　　圖 8-2 呈現的樣貌,和之前投資多元分散普通股
的每年市值圖表不同,而且可以修正一般股市圖表營
造出來的錯誤印象。此外,圖 8-2 也無疑讓我們知道,
為何全部測試中的分散普通股組合到了二十年結束時

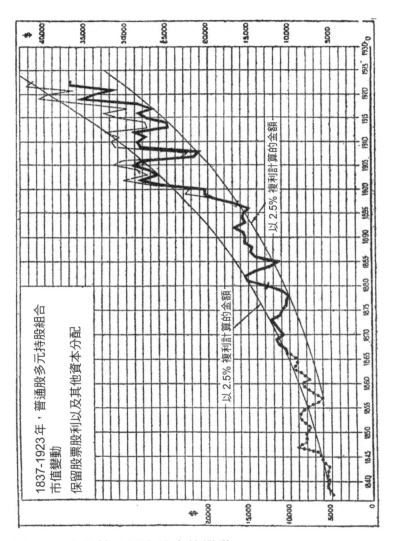

圖8-2 多元持股組合的市值變動

本金都有增值。顯而易見的是，普通股投資可能出現
市值虧損的最長時間，是1847年高點過後的十五年。
從我們僅顯示每年高點與低點平均值的圖表來看，即
便在這麼極端的情況下，這幾年當中仍然有很多機會
可以全身而退。同時，從圖8-1與所有測試的數據來
看，也同樣明顯的是，收益在這段期間內相對穩定。

　　但我們還必須找出帶動持股部位本金持續上漲的
力量，並評估這股力道目前以及未來繼續發揮作用的
可能性。

如何畫出本金的市值變化？

　　在談圖8-2時，我們先來講粗黑實線是怎麼畫出
來的。這張圖表描繪的是假設在1866年投資1萬13
美元，投資測試五中的投資組合。在保留股票股利與
其他資本分配之下，持有這組持股組合到1880年時
市值為1萬2,730美元。我們假設在當年就以市價賣
出這組持股，獲利再投入測試四的持股組合。我們持
有測試四的組合直到1897年，然後以市價賣出，並

用獲利再投資測試七的投資組合。最後一次是將測試七的組合轉換成測試三，時間點在1906年。

　　我們可以看到，做轉換的年分，都是兩組測試持股組合可以用相同的投資報酬率賣出的年分。（請參見圖8-1）。

　　這條粗黑實線（1866-1923年）描繪出來的狀況很有意思，很值得往前延伸。

　　為了進行回溯推演，我們選擇了從1837年到1866年都有紀錄的七檔股票如下：[1]

個股	買進股數	1837年平均市價	投資金額
梅瑞馬克棉織廠	1	$1,180	$1,180
布特紡織廠（棉織） （Boott Mills〔Cotton〕）	1	1,000	1,000
阿莫斯凱格棉織廠	2	955	1,910
波士頓與伍斯特鐵路公司 （Boston & Worcester Railroad）	15	87	1,305
波士頓與普羅維登斯鐵路公司 （Boston & Providence Railroad）	15	96	1,440
波士頓與洛威鐵路公司 （Boston & Roxbury Railroad）	15	96	1,440
波士頓與洛斯貝瑞紡織公司	130	10.25	1332.5
		總計	$9,607.50

1　參見《馬丁的八十八年波士頓股市》。

　　1866年時，這個持股組合（包含期間內收到的股票股利）的平均市值為 2 萬 79 美元。圖中粗黑實線 1866 年的起點值是 1 萬 13 美元，考慮到我們呈現的是每年持股的平均市值，為了畫出銜接 1866 年的虛線，我們直接把平均市值 2 萬 79 美元除以 2，得到 1 萬 39 美元（接近 1866 年的起點值 1 萬 13 美元）。我們用這種比較簡便的處理方法，捨棄無助於增添必要準確性的複雜數學計算。

　　因此，把以上持股的每年平均市值除以 2，就得出了 1837 年到 1866 年的虛線，連同 1866 年到 1923 年的粗黑實線，我們就相當準確地描繪出整個樣貌，了解在 1837 年投資普通股並持有到 1923 年時的本金市值變化。

　　1898 年迄今的細實線另在後文中說明。

重點回顧

- 根據簡單、廣泛的多元投資所選出的分散得宜普通股組合，對應了某個基本因素，使得普通股具備了優於投資級債券的優勢，成為更好的長期投資標的。
- 圖表結果顯示，這些依不同原則選出的持股組合，其收益率有一致性。
- 全部測試中的分散普通股組合到了二十年結束時，本金都有增值。

9

複利效應：
報酬增值的祕密

除非有相反的證據，不然我們可以合理推論出顯現在普
通股上、主宰長期投資價值的力量為：在數年間，以重
要產業的代表性企業普通股組成分散得宜的持股組合，
其本金價值多半會隨著複利的作用而上揚。

顯然，圖8-2中描繪的市值變化背後有一種以上的因素在發揮作用，儘管在整段期間的不同區段出現不同的效應，但看來有一股力量持續作用。

基本上，會變動的幾股力量，出現在比較高的區間；不變的那股力量，則和圖表中連續幾個低點有某些一致性的關係。

比方說，如果我們檢視高檔區間，會看到一個階梯序列。在普通股價值明確上漲一段之後，已經確立的新高點看來會成為接下來十二到十五年難以突破的高檔區間，然後這段高檔區間又會變成再接下來期間的低點。要確立新高點，需要三到六年明顯的向上擺動。在這段從1866年畫到終點的粗黑實線中，明顯勾勒出這些階梯。

我們不打算特別去強調這些階梯序列，因為手邊無法提供足夠的根據去做相關解釋，顯然也沒有理由期待它們未來會規律地出現。

有利於股票的奇蹟因子

　　但如果我們把重點轉向低點，一定會注意到持續向上發展的規律性，從1857年的低點，歷經1878、1885、1896、1908、1914到1917年的低點，如圖8-2的粗黑實線所示。

　　如果把這些低點連起來，可以得出一條逐步往上走的曲線，這條線讓人深深想起以固定利率計算複利的圖表。

　　兩者之間的相似性是有道理的。我們以1857年的低點為起點，用2.5%的利率畫出了一條複利效應的曲線如圖8-2所示。如果我們試著用其他利率來畫圖，就可以明顯看出差異。這條線和各個低點非常接近，不是憑空而來的，特別要提的是，其中代表的意義，完全契合保守管理企業的董事們遵行的共同實務操作。這些董事管理時都以數年為期，他們的目標是不要把公司所有的淨利都拿去配發股利，反而把部分獲利轉入盈餘帳戶，拿這些不斷累積的盈餘去投資有生產力的營運。成功執行這樣的政策，事實上就等於

展現了複利原則。

另一條類似的曲線也是以 2.5% 的利率畫出來的複利效應圖，期間是 1837 年至今，這條線的數據點雖然不是那麼紮實，但某種程度上可以藉此找出限制，畫出股票持股部位市值的預期波動區間。

自 1897 年起（也就是美元的購買力快速下跌不久之後），我們的持股部位（以粗黑實線代表）開始納入收到作為資本分配的債券、購買現金擔保信託證券，並可將現金分配到資本帳。這有助於降低粗黑實線的波動性，但同時也稀釋了普通股的純粹性。因此，我們加入了細實線，顯示如果在市場上出售所有債券然後將收益再投資，再加上資本分配所配得的現金，並以市場價格買進普通股清單中的股票，這樣持股市值會如何變動。

答案是，這會拉高粗黑實線的低點基礎。但新的數值仍展現同樣的趨勢，如果以 1908 年以及 1917 年的低點當作基礎，就大約是以 3.2% 的複利上揚。

我們承認研究確實有限制，但我們也收集了足夠的輔助證據，可以找出分散得宜的普通股持股組合中

的特有因素。就是這股力量，讓我們之前所有的測試基本上有利於普通股，而長期與投資級債券相比更是明顯勝出，尤其這項證據還非常契合企業董事的明確目標。

主宰長期投資價值的兩大力量

除非有相反的證據，不然我們可以合理推論出顯現在普通股上、主宰長期投資價值的力量為：

1. 在數年間，以重要產業的代表性企業普通股組成分散得宜的持股組合，其本金價值（principal value）多半會隨著複利的作用而上揚。（請參見圖 8-2。）

2. 以數年為區間，可以仰賴此持股組合獲取高於商業票據平均利率、不斷增值的收益。（請參見圖 8-1。）

如果我們準備好接受上述法則（這不是證明，要

證明是不可能的，但有足夠的證據指向接受上述法則來衡量相對投資價值合情合理），那麼，我們就提高了**長期投資標的**的標準，不論是債券、票據或是房地產貸款，任何到期債務都難以與普通股一較高下。

特別股可以買，理由是在某些很罕見的時間，這種投資標的可以符合上述標準，然而，出現這種情況時，整個環境很可能更有利於普通股。

從分析上來看，債券及特別股（後者可以用合理條件轉換為符合前述標準的普通股）是一種投資媒介。而特別股一方面具備債券抵禦短期市場波動的保障特性，同時又可結合普通股中會出現的長期資本增值機會。

穩健的投資原則

我們發現，長期持有分散得宜的普通股投資組合，不僅可以創造出高於一般水準（與當下利率相比）的收益，本金也必會增值，而這樣的資本增值並非基於投機因素，而是靠著證券本質中的固有因素，因

此，我們可以系統性地闡述一套穩健的投資基本原則
如下：

　　選擇證券作為投資標的時，我們不能僅考慮投資
的預期收益率，還必須適當地考量本金長期增值的機
會，而這並不偏離最保守的觀點。[1]

1　這和亞瑟‧史東‧杜因教授（Arthur Stone Dewing）用另一種方法得出的結
　　論很相似。

重點回顧

● 若把不斷累積的盈餘拿去投資有生產力的營運，就等於展現了複利原則。

● 除非有相反的證據，不然我們可以合理推論出顯現在普通股上、主宰長期投資價值的力量為：

　1. 在數年間，以重要產業的代表性企業普通股組成分散得宜的持股組合，其本金價值多半會隨著複利的作用而上揚。

　2. 以數年為區間，可以仰賴此持股組合獲取高於商業票據平均利率、不斷增值的收益。

● 一套穩健的投資基本原則為：選擇證券作為投資標的時，我們不能僅考慮投資的預期收益率，還必須適當地考量本金長期增值的機會。

10

投資股票的時機風險

就算是在高點買進，肯定也可以期待有某段期間可以收回和名目投資數額相當的金額。極端情況的風險顯然只是時間長短的問題。

　　我們發現，普通股持股裡有一股力量，能讓名目金額的本金增值。這股力量是源自發股企業將未分配的盈餘拿去做有利可圖的再投資。我們發現，除非運氣真的背到極點，投資時剛好碰上大漲時的高峰，不然的話，手上持股組合的平均市值低於投資本金的期間會相對短暫，而且，就算是在高點買進，肯定也可以期待有某段期間可以收回和名目投資數額相當的金額。極端情況的風險顯然只是時間長短的問題。

時間是最好的朋友！見證在市場上存活的機率

　　我們嘗試衡量時機不利於投資人的機率，假設從1837年到1922年每年都以平均市價買入圖8-2所示的投資組合，也不計入前述自1898年以後所有收到的債券，然後問問自己，買進之後持股名目金額低於買進平均市價的時間有幾年。我們總共要在八十六年間，每年假設性買入（跳過1923年），而針對時機點風險所做的分析結果摘要如下：

			累積百分比
買進後隔年沒有出現虧損的年數	54 次	63.0%	
本金金額持續虧損的年數			
1 年	13 次	15.1%	78.1%
2 年	8 次	9.3%	87.4%
3 年	2 次	2.3%	89.7%
4 年	4 次	4.7%	94.4%
本金金額持續虧損的年數			
6 年	2 次	2.3%	96.7%
7 年	1 次	1.1%	97.8%
10 年	1 次	1.1%	98.9%
15 年	1 次	1.1%	100.0%

　　這些數字隱含，若買進股票時完全不判斷**時機**，結果會如何。結果指向買進重要產業中一群分散得宜的代表性普通股，可以全身而退、甚至名目本金能有增值的機會是：一年內為78%，兩年內為87%，四年內為94%。

　　我們必須等六到十五年才有機會打平的機率為6%，可用以下這幾年的五次買進為代表：

買進年分	買進之後本金持續低於買價的年數
1847	15 年
1853	10 年
1854	7 年
1873	6 年
1882	6 年

意義重大的市場發現

　　研究發生嚴重景氣衰退之前經濟環境的人，想必很熟悉上述年分，而且，考量近來將經濟理論應用到解決投資問題上已經大有進展，想必讀者也很清楚，資訊充分的投資人有多可能在這些高峰年頭買進或保留普通股。如果投資人相信經濟學的研究已經大有進展，因此敢在高峰之前的股票上漲期先買進，代表他可能相信根據穩健經濟指引買進的普通股很可靠，可以保有本金，或者平均而言可以賺得資本利得，如下列摘要所示。

　　如果刪掉高峰那幾年，我們假設要買進的年數就少了五年，變成了八十一年：

			累積百分比
買進後隔年沒有出現虧損的年數	54 次	66.7%	
本金金額持續虧損的年數			
1 年	13 次	16.1%	82.8%
2 年	8 次	9.9%	92.7%
3 年	2 次	2.4%	95.1%
4 年	4 次	4.9%	100.0%
	81 次	100.0%	

　　檢視卡爾‧施耐德（Carl Snyder）最近所做的研究，研究中明確指出商業活動在正常成長趨勢線上下擺動的幅度持續縮小，自 1882 年起，買進多元分散普通股的時機點風險已經降低，虧損期間不超過四年，這一點意義重大。

重點回顧

- 普通股持股裡有一股力量，能讓名目金額的本金增值。這股力量是源自發股企業將未分配的盈餘拿去做有利可圖的再投資。

- 若買進股票時完全不判斷時機，結果指向買進重要產業中一群分散得宜的代表性普通股，可以全身而退、甚至名目本金能有增值的機會是：一年內為78%，兩年內為87%，四年內為94%。而必須等六到十五年才有機會打平的機率為6%。

- 自1882年起，買進多元分散普通股的時機點風險已經降低，虧損期間不超過四年。

11

創造財富的力量

國家的成長究竟是產業成功擴張的理由還是結果，我們很可能永遠都找不出答案，但這兩者相輔相成，有利於以股價表示的股票價值。

　　我們試著從各種角度進行檢驗，看看在不同期間持有多元分散的普通股投資組合會有什麼結果，並且嘗試衡量當中牽涉到的時機點風險。我們得出結果大大有利於普通股，指向普通股在保守投資人一般操作中應占有更高地位，而且，當我們檢視大環境，就會了解如果美國的主力產業沒有蓬勃發展，沒有從中創造各種形式的盈餘，從而累積出資本以供擴張，這個國家也不會發展到今天這個地步。

　　美國的產業能持續將盈餘拿出來再投入有利可圖的活動，這一點很可能要歸功於美國人口不斷成長。但也或許是，就因為美國人口不斷壯大，因此才有可能創造出超額盈餘。不管是哪一種，我們觀察到一個很有意思的現象，那就是自1820年以來，股票的本金名目價值成長率（請參見圖8-2）和美國人口的成長率非常接近，後者的年平均值為2.43%。

　　國家的成長究竟是產業成功擴張的理由還是結果，我們很可能永遠都找不出答案，但這兩者相輔相成，有利於以股價表示的股票價值。

　　經濟學家說，只要一國的人口和經濟活動都在增

長，就會處於有利於普通股而非債券的向上「長期趨勢」（secular trend）。除了人口成長之外，每十年還有其他因素促成了「長期趨勢」上揚，以及企業數目增加。比方說，現代生活的步調持續性地加速。如今所有活動的進行速度都比二十年前快得多，部分理由是通訊與交通的速度不斷提升，還有無數的大、小型省時裝置進入了我們的公私人生，這一切，讓每個人每年的行動速度更快了，從而帶動了貨幣的流動速度。撇開商品購買力不談，從貨幣的社會價值來看，由於流通速度加快、能得到的人更多了，也可算是另一種形式的貨幣價值下降。這些面向的加速，都有利於謹慎選擇且多元分散的普通股，而非債券。

人的因素：企業優先考量的利益

還有另一個因素，有利於持有信用良好、穩健發行的分散得宜普通股組合，勝於債券，我們可以稱之為相關公司管理面向的「人的因素」。公司的管理階層支持的是普通股的利益，而不是債券持有人的利

益。公司的管理階層並不希望讓債券持有人從公司的
營運中得到高過絕對必要的利益，公司並不想多賣出
債券，因為對股東來說，多賣債券代表損失利潤。

　　在針對 1866 年到 1885 年期間所做的幾項測試
中，我們讓債券持有人具有優勢，可持有債券到期
滿，但紀錄指出，我們列出的這些債券，以及很多在
1866 年能購買的債券，都在 1885 年之前以某種形式
贖回了。我們無法確定，測試中假定的投資人在
1866 年買進的債券能不能持有到期滿，或者能不能
持有到 1885 年，但我們確實知道，如果這些債券有
任何贖回條款，或是有任何機會在市場上買回這些債
券，信用良好企業的管理階層會盡可能買回債券，並
利用不斷下滑的利率讓長期債券持有人優勢盡失。這
麼一來，如果我們假設的這位投資人持有的任何債券
被買回，或是他不那麼確信該持有債券到期滿，改為
接受本金有小幅獲利、提早賣出債券，這麼做的話，
他就會損失我們在測試中讓他獲得的部分總獲利。

高殖利率債券的美夢破滅

　　在高利率時代，比方說1866年常見的情況，不會大量發行長期債券，因為發行公司的管理階層會努力自保，不要長期支付這麼高的利息。熟悉近年債券市場的人，會想起有大量以高利率發行的短期融資債券，也會發現最近以具吸引力利率發行的債券幾乎全部都有限定贖回條款，當利率確定長期下滑時，公司的管理階層就會執行贖回。

　　這麼說來，即便在基本條件有利於債券持有人的期間，也會有其他因素發揮作用，使得他們無法享有預期中的全部利益，萬一貨幣購買力下降，投資人就必須承受全部的損害。

　　今天我們看到的是，一個井井有條的商業與工業社會，導致貨幣的實質購買力不斷下跌，早已超越過去任何可管控的範疇。

德國：誰握有股票，誰就掌握權勢

德國最後會出現什麼樣的結果，目前完全無法預見（按：1919年時簽署《凡爾賽條約》，德國必須為了第一次世界大戰支付高額賠償金），但我們知道的是，德國的貨幣購買力脫離常態，使得「債權人」這個類別在德國完全消失。完全或大致上仰賴利息過日子的債券持有人，變成了窮人。對照之下，透過擁有大量普通股來掌控產業所有權，或是懂得利用價值下降的馬克來提高普通股控制力量的機敏產業領導者，則是如今德國最有權勢的人。這些人的未來掌握在海外其他政治要角的手中，最後會怎樣尚不得而知，但是到目前為止，他們可以說是景況大好。

美元的未來

美元的實質購買力在過去二十年大幅下滑，美國的普通股股東得到了相應的獲利，付出代價的是債券投資人。我們無法預言美元在未來二十年會不會像

1866年到1885年這樣，實質購買力快速提高，但是，相較於1866年時的黃金儲備不足，美國如今有充裕的黃金儲備，這讓我對於未來美元實質價值有可能飛漲這件事打上了問號。

購買力與財富的角力

所有借款人都樂見貨幣實質價值上漲，尤其是債券持有人，這一類人比任何人都更樂見貨幣購買力提高。理論上，這些人全都偏好可靠穩定的貨幣，但是，當他們努力想要提高其他投資的獲利率時，卻會支持導致貨幣購買力下降的舉措。還好，商界人士既是債券買方，也是賣方。買進債券時，他們努力提高貨幣購買力，售出時，則想辦法讓貨幣購買力下降。再加上同時身為放款人與借款人的銀行家，這些人從事的活動，讓一邊的放款人和另一邊的勞工（這一群人努力工作帶動經濟成長，以致貨幣購買力因通膨而下降）達到平衡。

如果說我們的測試有任何意義，應該是結果顯

示，即便在美元實質購買力提高的時期（比方說1865
年到1885年，以及1880年到1900年），與同期的債
券相較之下，利用美國規模最大、且最重要產業的普
通股構成的分散得宜投資組合，可以創造出更高的報
酬。至於美元實質購買力下降的時期，測試結果顯
示，普通股到目前為止優於投資級債券的績效，而且
兩者之間根本沒得比。

　　故而，在從事任何大筆的私人財富投資時，納入
相對高比例的分散得宜普通股是非常合情合理之舉。
選擇它們的理由不是為了有機會隨即從市場上獲利，
重點在於這類證券的長期投資前景。

幸運的分散投資之路

　　如今的投資人很幸運，不像我們在前述各項測試
中的假設投資人選擇有限，普通股領域已經打開一條
分散投資之路，比過去任何時候都更寬廣且更安全。

　　自1900年以來，美國企業的數量與規模都有成
長，這是經濟組織時代裡最重要的因素。1890年之

前，除了鐵路公司之外少有其他大型企業，而當鐵路
公司壯大到一個程度之後，他們想要取得資本以跟上
時代、把握機會，此時一般大眾的參與便成為重要關
鍵。從1890年到1900年，是產業整合與企業發展的
實驗期，而要因應國家的成長，以及隨之而來快速擴
張的產業需求，一定要有大型的金融與業務營運機構。

市場認同！股東人數增加

鐵路公司目前的股東預估有80萬7,000人，美國
電話電報公司則有超過30萬股東，比1918年時多兩
倍。美國鋼鐵公司股東人數將近20萬，比1917年時
多兩倍，相對年輕的新公司通用汽車（General
Motors），股東則有7萬人。

投資觀念進化論

隨著企業愈來愈需要一般大眾提供財務支援，經
營者妥善管理企業事務的責任也益發重大，這是持續

獲得支持的憑據。大眾的支持在企業財務面，以及保
護企業免受不當立法規範影響這兩方面的重要性愈來
愈強，在此同時，大眾能得到的公開發行證券公司的
財務相關資訊，也愈來愈多，一群分析企業管理與信
用的專業人士應運而生。回過頭來，這些專家逐步建
構出系統，一方面快速發展出企業管理科學，另一方
面則提出了穩健的個人投資企業證券理論。這門科學
雖然還在萌芽期，但已經備受認可，也正在哈佛商學
院以及許多其他一流大學的類似學院或科系茁壯當
中。

投資理論與實務的共舞

　　直到近年來，經濟學的研究還被當成是純理論性
質，幾乎可以說是一個哲學性的學門，和建構務實穩
健的商業與投資決策關係不大。反觀今天，經濟學在
各式會議上已經有了一席之地，差不多已經攻占所有
最大型的商業組織，涵蓋工業、製造業與金融業。加
總這些趨勢，我們持續不斷建構出更多的安全機制，

護衛投資規模最大、最出色企業的普通股投資。

　　我們在最後的分析中找到對於投資人而言極為重要的因素，之後我們會針對這些因素如何影響債券價值做簡短研究，請見後文。從事投資時，就算資金的名目價值無損，但實質價值出現永久性的損失，就不可視為保守的投資。這是保守投資主義的第一前提。

　　另一點同樣也成立：扣除可從投資級債券中領到的報酬率之後，如果資本價值的名目成長率無法接近一國大盤股票市值的平均成長率（以名目金額表示），也不能算是保守投資。我們稍後會檢視這一點指出了哪些機會，但首先讓我們來檢視債券可能會面臨的一些問題。這些問題並不是像「到期時無力支付利息或本金」這些明顯可見的違約，而是一些比較隱晦的缺點。

重點回顧

- 國家的成長與產業成功擴張兩者相輔相成，有利於以股價表示的股票價值。
- 當一國的人口和經濟活動都在增長，就會處於有利於普通股而非債券的向上「長期趨勢」。
- 公司管理面向的「人的因素」，也有利於持有信用良好、穩健發行的分散得宜普通股組合，勝於債券。
- 即便在基本條件有利於債券持有人的期間，也會有其他因素發揮作用，使得他們無法享有預期中的全部利益，萬一貨幣購買力下降，投資人就必須承受全部的損害。
- 即便在美元實質購買力提高的時期，與同期的債券相較之下，利用美國規模最大、且最重要產業的普通股構成的分散得宜投資組合，可以創造出更高的報酬。遑論美元實質購買力下降的時期。
- 從事投資時，就算資金的名目價值無損，但實質價值出現永久性的損失，就不可視為保守的投資。

12

債券是穩定的
安全投資嗎？

當投資人買進債券和抵押權時，會覺得自己必然在從事
比買進股票更明智且保守的投資。然而，通常實情並非
如此。

　　在我們之前針對普通股和債券的相對長期投資價值測試中，不去強調債券在投資上比較弱勢的一面，是為了免得測試結果還要面對其他問題。到了此時，則要描繪比較精準的圖像，指出只投資到期性債務會遭受的實質風險。

　　一般認為，普通股的市場價值會有波動，有時甚至是飛快波動，大家通常認為債券和抵押權等投資的實質價值不太會像股票這樣大幅波動，更罕見快速變化，但是債券很可能有些藏得更深的問題，讓我們難以察覺。長久以來，「債券」和「抵押權」這兩個詞在人們心中代表了穩定安全，多數人也同意「股票」是風險與危機的同義詞。當投資人買進債券和抵押權時，會覺得自己必然在從事比買進股票更明智且保守的投資。然而，通常實情並非如此。

　　且讓我們來檢驗影響長期債券投資價值的根本因素。如果可以把這些研究和普通股的研究串聯起來，基本上我們就更有事實憑據去相信，如果分散得宜，普通股應享有比一般認知更高的長期投資評價。

影響債券投資本金的三大因素

如果投資人1902年4月時購買艾奇遜、托皮卡和聖塔菲鐵路公司發行年利率4%的一般債券（1995年到期），或紐約中央與哈德遜河鐵路公司發行年利率3.5%的債券（1997年到期），並在1920年7月時被迫賣出，期間的帳目如下：

	艾奇遜、托皮卡和聖塔菲鐵路公司4%債券	紐約中央與哈德遜河鐵路公司3.5%債券
1902年4月買價	103.5	109
基本殖利率（如果持有至到期）	3.87%	3.20%
以同樣基礎計算1920年7月時的價格	103	108.5
1920年7月時的市價	71	62
損失	32	46.5
買入價虧損率	31%	42.9%
保本率	69%	57.1%

但是，1920年的美元購買力僅有1902年時的37%，因此，投資人能保有的1902年投資資本實質價值如下：

艾奇遜、托皮卡和聖塔菲鐵路公司的 4% 債券	69%×37% ＝ 25.53%
紐約中央與哈德遜河鐵路公司的 3.5% 債券	57.1%×37% ＝ 21.13%

換言之，如果投資艾奇遜的債券，投資本金實質虧損超過74%；如果投資紐約中央的債券，損失則超過78%，而這些損失和發債公司的信用狀況完全無關。

上述的範例雖然很極端，但我們的重點是要特別去看，即便是最高信用品質債券都會有的兩項風險因素，以及大多數出售證券的公司最常強調的一項因素：

1. 貨幣的購買力下降。

2. 當前的一般利率上揚。

至於第三個因素，從某種程度上來說，所有債券都會有這個問題，這也是大家最常討論的問題：

3. 發債公司的信用狀況改變。

　　隨著時間過去，發債公司的信用狀況可能改變，可能是因為管理或政策變革，也可能是因為決定公司成敗興衰的基本價格、薪資、社會與工業因素出現變化。

　　以前面兩檔債券為例，我們看到的是最高信用品質債券的持有者遭逢大幅的實質本金損失，背後的原因是一般利率上漲，又剛好碰上美元購買力下降。這裡沒有發債公司信用狀況惡化的問題。1920 年一般利率下跌之後，有彌補一些這兩檔債券的價格虧損，之後又因為美元的購買力提高，再彌補一些本金的損失。但是，1902 年時購入債券的持有人，要等多年才能完全恢復原始投資的資金購買力。

　　在這段期間，還有其他債券也出現虧損，除了前兩個理由之外，第三個理由也發揮了作用：發債公司的信用狀況惡化。我們可以提兩個例子。

　　第一個範例是，芝加哥、密爾瓦基與聖保羅鐵路公司發行的年利率 4% 整合抵押權（1989 年到期），1902 年 4 月買進時為 116 美元，如果持有到期滿的殖利率為 3.4%。不過，唯有債券不會因為任何原因而

損失本金價值，這個價格才合理。

　　以這檔債券投資為例，這三個危險因素都在買進後到1920年7月間發揮作用，使得賣出當月的價格為60美元，換算下來的殖利率為6.7%。這代表發生了虧損，以名目價格表示如下：

表12-1　芝加哥、密爾瓦基與聖保羅鐵路公司發行的年利率4%整合抵押權（1989年到期）

1902 年 4 月買價	116
基本殖利率（如果持有至到期）	3.40%
以同樣基礎計算 1920 年 7 月時的價格	116
1920 年 7 月時的市價	60
損失	56
買入價虧損率	48.28%
保本率	51.72%

　　但1920年時的美元購買力僅有1902年時的37%：37%×51.72% = 19.14%

　　因此，1920年賣出這檔債券拿回的錢，其購買力不到原始投資金額的兩成，損失超過八成。

　　還有另一個範例也是三個因素一起發威，損害了買進當時被視為投資級債券的投資本金，即以下的紐

哈芬鐵路系統：

表 12-2　紐約、紐哈芬與哈特福鐵路發行的年利率4%
　　　　　不可轉債（1947 年到期）

1902 年 4 月買價	117
基本殖利率（如果持有至到期）	3.28%
以同樣基礎計算 1920 年 7 月時的價格	113
1920 年 7 月時的市價	46.50
損失	66.50
買入價虧損率	58.85%
保本率	41.15%

　　以 1920 年時的美元購買力僅有 1902 年的 37% 來
計算：37%×41.15% = 15.23%。

　　以原始投資本金的購買力價值來算，這個範例中
的損失接近 85%。

　　發債公司的信用狀況轉佳，對於投資該公司的債
券來說顯然是一件有利的事，但這只是我們在考量債
券投資時的三個因素之一，而且，很有意思的是，我
們會看到在這段極端期間內，信用狀況轉佳的效果並
不足以抵銷另外兩項因素的影響。為了點出這一點，
我們根據已知購買後會發生的事實來選擇一檔債券，

但我們不能假設1902年的投資人也都能這麼好運做
出了這個選擇。在以下範例中，我們選定的債券是維
吉尼亞鐵礦、煤礦與焦煤公司（Virginia Iron, Coal &
Coke）發行的年利率5%債券（1949年到期），1902
年4月以殖利率10%的基準賣出，而當時投資級債券
的賣價基準都低於4%。詳細帳目如下：

**表12-3　維吉尼亞鐵礦、煤礦與焦煤公司年利率5%的
債券（1949年到期）**

1902年4月買價	50.50
基本殖利率（如果持有至到期）	10.00%
以同樣基礎計算1920年7月時的價格	53
1920年7月時的市價	82
獲利	29
買入價獲利率	54.70%
保本率	154.70%

　　算到這裡，這位投資人可能會覺得他在1902年
的真知灼見（如果可以這樣說的話）帶來了豐厚的報
償，因為他的投資本金增值不少。但是，如果他問，
與1902年投入的（較低）名目投資本金相比之下，此
時賣出債券的收益可以買到多少東西，他可能就沒這

麼開心了。因為1920年的美元購買力僅有1902年時的37%：37%×154.7%＝57.24%

因此，雖然他的投資本金名目價值獲利54.7%，但事實上他損失了幾乎43%的購買力。[1]

在這個範例中，債券出售時以同樣基礎計算的殖利率大幅上漲，這可能純粹是因為發債公司的信用狀況好轉，抵銷了利率普遍上升的影響，但又因美元購買力下跌，抵銷了一大部分獲利。

一般都同意，如果想用明確的數學比率來說明美元購買力的波動，就是闖進了充滿爭議的領域。有各種方法可以衡量這樣的波動，但是哪一種最有用則眾說紛紜。而使用從美國勞工部躉售物價指數得出的數據，代表了選用最簡便的方法。大家都同意美元會變動，無論用來計算波動的方法是什麼，研究的結果原則上必須相同。本書無意為這種估算美元購買力變動實際效果的特定**方法**背書。

理解這一點後，我們可以將所有說明範例的結果

1　這個範例的分析確實不完整，無法描繪出實際情況，因為我們沒有討論投資人在這段期間收到的高收益報酬率，但這個案例仍成立，因為我們要談的是特定的重點。

摘要如下：

表 12-4　影響債券投資本金的三大因素：1902-1920 年

債券	美元購買力下降	一般利率變動	發債公司的信用狀況變化	本金名目價值損失比率
艾奇遜、托皮卡和聖塔菲鐵路公司，年利率 4%，1995 年到期	不利	不利	沒有影響	74%
紐約中央與哈德遜河鐵路公司，年利率 3.5%，1997 年到期	不利	不利	沒有影響	78%
芝加哥、密爾瓦基與聖保羅鐵路公司，年利率 4%，1989 年到期	不利	不利	不利	80%
紐約、紐哈芬與哈特福鐵路公司，年利率 4%，1947 年到期	不利	不利	不利	85%
維吉尼亞鐵礦、煤礦與焦煤公司，年利率 5%，1949 年到期	不利	不利	非常有利	43%

　　上述摘要概略性地描述了 1902 年所做的債券投資會遭遇哪些狀況。雖然多數在此時或是差不多時間買進債券的投資人都知道自己要承受部分損失，但是他們不了解背後根本的原因是什麼，也不知道在 1920 年之前有哪些力量對他們造成阻力。

債券＝免受損失本金風險？

　　到目前為止的說明範例，涵蓋的是一段因利率上
漲，以及美元購買力下跌導致債券名目價值大幅下跌
的期間，說這段期間並不代表平均、甚至不是典型的
期間，都是很公平的批評。選擇本段極端期間的目
的，是要點出債券投資的本金會縮水到什麼程度。但
為了證明不一定要有嚴重的戰爭才會導致類似的虧
損，很值得去檢視在1902年買進投資級債券、1913
年12月賣出的投資操作，會使本金價值有何變化。
在這段期間，世界大戰還不是一個需要考慮的因素。

　　我們再度選用第一個範例中的艾奇遜和紐約中央
債券：

	艾奇遜、托皮卡和 聖塔菲鐵路公司 4% 債券 （1995 年到期）	紐約中央與 哈德遜河鐵路公司 3.5% 債券 （1997 年到期）
1902 年 4 月買價	103.5	109
基本殖利率（如果持有 至到期）	3.87%	3.20%
以同樣基礎計算 1913 年 12 月時的價格	103	108.75

1913 年 12 月時的市價	95	81.75
損失	8	27
買入價虧損率	7.77%	25.06%
保本率	92.23%	74.94%

　　但 1913 年的美元購買力僅有 1902 年的 84%，因此，1913 年時仍握有的原始投資實質本金價值如下：

艾奇遜、托皮卡和聖塔菲鐵路公司 4% 債券	92.23%×84% = 77.47%
紐約中央與哈德遜河鐵路公司 3.5% 債券	74.94%×84% = 62.95%

　　這麼一來，情況就很明顯，如果我們以投資金額的購買力當作投資的實質衡量標準，在世界大戰災難並未造成影響的期間（1902 年至 1913 年），投資艾奇遜債券損失近 23%，投資紐約中央債券損失則超過 37%。然而，人們會買這些債券，前提都是債券持有人可免受任何的損失本金價值風險。

　　這是否代表我們任何時候都不應將債券視為穩健投資？差得遠了。很多時候，債券持有人會從有利的基本條件當中獲得豐厚報償，這些時候，美元的購買力提高，同時還伴隨著一般利率趨向下跌。

債市榮景：1866-1885 年

在測試五中，[2]我們假設1866年1月時買進了一群投資級債券，並在1885年12月賣出。原始投資的淨收益率為6.07%，債券的名目市場價格上漲了近23.65%，因此，1885年時，持有債券部位的市值較原始投資高了123.65%。在此同時，1885年的美元購買力迭有增加，比1866年時能買的東西多了224%。因此，投資這些債券的人在這段期間的本金實質價值成長為：（123.65%×224%）－100% = 177%。

我們研究另一群1866年時以更高的基礎收益率出售的債券。[3]其以更高的收益率才能賣出，代表它們當時並非一般人眼中信用狀況最佳的債券。這些債券本金在1885年12月時有增值，以名目價格表示的話，原始投資9,140美元賺了3,000美元，報酬率接近32.8%。因此，在1885年12月時，計入原始投資的平均年收益6.9%之後，持債部位為原始投資金額

2　請參見附錄A。

3　請參見附錄B。

的 132.8%。如果計入 1885 年時的美元購買力提高，我們會發現，1885 年的持債部位增值為：（132.8%×224%）－100%，增值部分達 197.4%。

1866 年到 1885 年間，債券持有人在名目價格（因為利率下滑之故）和美元實質購買力上兩頭賺；1902 年到 1920 年間則因為這兩大根本因素逆轉，導致債券持有人大幅虧損。

前述分析中債券持有人損失與獲利的百分比，都高於一般人認知中的債券損益，有些用懷疑眼光來看經濟學家的人可能會說，美元購買力變動是理論上的說法，並非實質的獲利或虧損。然而，問問看到期時必須接受以馬克付款的德國債券持有人，德國馬克購買力大幅縮水造成的損失究竟是理論還是實務問題吧。同時，也進一步問問，如果以金錢能提供的社會滿意度來說，看看他們相不相信如今的 5,000 馬克收入等同於 1900 年的 5,000 馬克。

在這方面，以下這篇 1924 年 6 月 7 日《紐約時報》登載的文章，很發人深省。所有以德國馬克進行的交易都非常誇張而且難以想像，但正好凸顯了通常隱而

不見的因素：

柏林的鐵路公司宣布發放股利為
500,000,000,000%

柏林通用本地鐵路與電力公司（General Local Railway and Power Works Corporation of Berlin）宣布，該公司普通股殖利率為 500,000,000,000%，換算成實質金額，代表每股面額 1,000 馬克的股票可配得 1.20 美元。

戰前，該公司支付的股利為 10%，根據穆迪投資者服務公司（Moody's Investors' Service）海外部門取得的數據，相當於每股發放 24 美元。

目前持有 6% 該公司特別股的股東（這在戰前被視為投資級產品），去年可收取 6% 的年利率，相當於六十兆分之一金馬克（gold mark）。公司最近已經買回這批普通股。

我們已經提出充分的說明，反駁了投資債券大可保有穩定價值的想法。而且，選擇最高信用品質債券

也不代表就能提供保障，更不見得能抵禦基本經濟環境中，幾個主導貨幣購買力與利率上揚下滑的重要因素。

重點回顧

● 影響債券投資本金的三大因素：

1. 貨幣購買力變動。

2. 一般利率變動。

3. 發債公司的信用狀況改變。

● 在基本條件有利時（如貨幣購買力提高，且一般利率下跌），債券持有人仍有機會獲得豐厚報酬。比方說，1866年到1885年間，債券持有人便在名目價格（因為利率下滑之故）和美元實質購買力上兩頭賺。但在1902年到1920年間，則因為這兩大根本因素逆轉，導致大幅虧損。

● 選擇最高信用品質債券不代表就能提供保障，更不見得能抵禦基本經濟環境中，幾個主導貨幣購買力與利率上揚下滑的重要因素。

13

搭上股票的
複利成長便車

我們在測試期間執行的這套策略，可以顯示再投資額外
收益以及因此產生的複利效應，如何讓整體的投資資金
增值。

驗證投資價值的最重要關鍵

　　回顧之前檢視普通股與投資級債券長期相對投資價值的十二組不同測試，我們會發現，即便我們在比較時拿掉一個很重要的因素，普通股仍有優勢。現在，我們想要強調這個因素，這是因為，如果有人根據本書的研究而以債換股，賣出持有的債券以換取相應比例的普通股，這對他們來說會是一個最重要的因素。而這也是穩健管理普通股投資資金中的一個重要關鍵。

　　我們在每項測試中列出的普通股清單，同期的收益都高於債券。然而，到目前為止，當我們考慮這些額外收益時，完全不去想這些是每年拿到的小額資金，而不是像我們在總計項下所顯示的一次一大筆錢。從技術面以及實際面來看，這正是驗證股票與債券作為長期投資媒介相對價值的最重要關鍵。

　　如果我們要拿股票的長期投資結果和債券做比較，假設股票每年可產生的收益隨即就被花掉，對股票來說很不公平。理論上來說，相較於購買一檔債

券，股票於特定期間的額外收益，是因為買一檔股票要承擔額外風險，所換得的合理溢價。我們看到，實際上我們可以藉由分散股票標的，消除這種股票與債券相比之下的風險。而忽略了貨幣購買力變動的一般大眾，則低估了持有債券的相關風險。

補充測試的原則與啟示

那麼，且讓我們將股票每年產生的額外收益單純當作準備金，用以防禦持有股票會有的風險。同時，我們也允許投資人可以花掉股票的收益，但僅能花掉等同於從債券投資獲得的金額。再讓我們假設他每年收到股票收益時，高於債券收益的額外部分都拿來再投資。

為了方便，我們假設再投資的形式是加碼買進他初始清單中的股票。

以下的各項補充測試，要說明如果我們在原始測試三、四、五中加上再投資策略，會對測試結果造成什麼影響。為了便於辨識，我們會給補充測試和原始

測試相對應的編號。

　　隔年所買進的股票，大致上是從原始測試中的十檔股票輪動。由於要盡可能在年底前把當年可用的資金拿去投資，所以我們不會嚴守買股的順序與規則。另一方面，股票的報價以隔年1月的價格為標準。有些股票在該買進時價格極高，根本買不起，有些則是如果買了會留下太多閒置資金，有的時候甚至沒有報價可循。除了這些問題之外，大致上都會維持輪流買股的規則。

　　我們進一步假設，新買入股票的所有股利都納入隔年可供再投資的資金當中。

　　這些補充測試並不只在理論上有價值，更針對計畫購買普通股的投資策略指出了一項重點。在單一年度中，我們各種測試中的股票收益，確實很少跌至低於投資級債券的收益，但在這個水準以上，股票收益的年度報酬率偶爾很可能劇烈震盪。有一種風險是，股票創造了幾年高收益，而投資人可能早已提高其生活水準，所以接下來收益縮水對他來說就會是一大考驗，讓他比不曾從股票得到高收益更難過。因此，平

均攤分收益的計畫很重要。

補充測試三：資本帳增值了 356%

在測試三中，我們於1901年1月買進十檔個股，持有至1922年12月售出。在本段期間，投資1萬美元購買投資級債券的話，每年可以得到4%的收益，換算下來，就是400美元。

我們的投資人在1901年間從股票得到的收益是616.60美元，當年留下來的額外收益就是216.60美元，我們假設他在1902年1月時拿著這筆錢再投資，買進原始列表上的第一檔股票，購入價是1902年1月時的報價。1902年支付給這位投資人的股利，會納入他的1902年額外收益項下，成為他在1903年1月時可用於投資的金額，依此類推。我們在測試期間執行的這套策略，可以顯示再投資額外收益以及因此產生的複利效應，如何讓整體的投資資金增值：

表 13-1　補充測試三的額外報酬：1901-1922年

年度	原始投資的 額外收益	新購入股票 的股利	每年的 總投資金額
1901	$216.60	--	$216.60
1902	115.00	8.00	123.00
1903	195.50	8.00	203.50
1904	6.00	13.00	19.00
1905	81.00	16.00	97.00
1906	332.00	44.00	376.00
1907	273.21	60.00	333.21
1908	363.85	62.30	426.15
1909	424.75	103.85	528.60
1910	562.75	154.35	717.10
1911	413.00	188.85	601.85
1912	585.15	245.85	831.00
1913	649.00	259.60	908.60
1914	608.75	347.30	956.05
1915	405.00	428.80	833.80
1916	409.00	486.05	895.05
1917	830.25	757.55	1,587.80
1918	768.50	875.80	1644.30
1919	1,263.04	1,145.53	2,408.57
1920	1,240.54	1,274.36	2,514.90
1921	919.79	1,302.53	2,222.32
1922	714.04	1,345.45	2,059.49
	$11376.72	**$9127.17**	**$20503.89**

顯然，我們的投資人逐年從股票當中收到1萬1,376.72美元的收益，透過再投資，成長超過4%，他多得到了9,127.17美元的收益。因此，與債券相比，他得到的超額收益多達2萬503.89美元，比他原始的投資金額高了200%以上。

而且他新得到的資本形式是股票，當產業快速發展帶動通貨膨脹，導致美元購買力下滑時，股票能夠搭上成長便車增值。1922年12月時，他在這個再投資帳的持股明細如下：

公司	持股數	1922 年 12 月 31 日 市值	金額
美國汽車與鑄造公司	46	160	$7,360.00
美國橡膠公司	23	56	1,288.00
西聯電報公司	39	111	4,329.00
美國製糖公司	8	80	640.00
人民煤氣燈與焦煤（芝加哥）公司	13	93	1,209.00
美國菸草公司	15	154	2,310.00
美國菸草 B 股	11	151	1,661.00
聯邦鋼鐵公司	31	107	3,317.00
債券			
美國鋼鐵公司發行年利率 5% 債券，1963 年到期	$237.00	104	246.00

現金	
出售美國運通公司	160
出售布魯克林快速輕軌公司	437
1923 年可從事再投資之資金	$2,131.00
	$2,728
1922 年 12 月 31 日總價值	**$25,088**

　　我們這位在1901年投資普通股的投資人，每年收取收益並花掉相當於投資債券1萬美元能收到的4%，剩下的採行我們之前所說明的再投資策略，到了1922年時，他的投資帳目會如下：

測試三的持有部位在 1922 年 12 月 31 日的市值	$20,602.00
再投資額外收益的持有部位在 1922 年 12 月 31 日的市值，亦即補充測試三	25,088.00
1922 年 12 月 31 日持有部位總價值	$45,690.00
原始投資	10,012.00
扣除每年原始投資 4% 收益後，從事再投資之資本利得總額	$35,678.00

　　二十二年間，資本帳增值了356%，換算成原始投資的年平均成長率則超過16%。

　　從本測試得出的結論，顯然會遭致批評，而且，

由於我們不認為創造如此豐厚報酬的基本因素會重複
出現發揮作用，因此我們要快速跳到其他補充測試，
涵蓋期間的條件比較接近我們預期未來幾年馬上要面
臨的狀況。

補充測試四：資本帳增值了 175%

在測試四中，1880 年投資股票的金額為 1 萬 163
美元，比較的基礎是當時銷售的債券，其票面利率為
5.5%。據此，擁有等價債券的持有人每年的收益為
559 美元。

在 1880 到 1899 年這段測試期間執行再投資策
略，得到的成績如下。這一次沒這麼耀眼，然而，考
量到這段期間涵蓋史上最嚴重的衰退之一，成果仍然
非常穩定：

表 13-2   補充測試四的額外報酬：1880-1899 年

年度	原始投資的 額外收益	新購入股票 的股利	每年的 總投資金額
1880	$180.00	--	$180.00
1881	320.00	77.72	397.72
1882	365.00	36.00	401.00
1883	285.00	67.50	352.50
1884	241.00	89.00	330.00
1885	70.00	94.00	164.00
1886	63.00	88.00	151.00
1887	95.00	110.00	205.00
1888	115.00	129.00	244.00
1889	92.00	143.00	235.00
1890	113.00	158.50	271.50
1891	118.00	175.50	293.50
1892	175.00	213.83	388.83
1893	96.00	177.00	273.00
1894	165.00	228.50	393.50
1895	91.00	217.50	308.50
1896	128.00	243.50	371.50
1897	141.00	270.50	411.50
1898	326.00	325.56	651.56
1899	169.00	324.12	493.12
	$3,348.00	**$3,168.73**	**$6,516.73**

在補充測試四中，我們假設從股票中得到的收益

減去559美元之後都用於再投資，如同補充測試三，也納入新買進股票的股利一起累加。

在這個範例中，股票超過債券的收益為3,348美元，新購入股票的額外收益則有3,168.73美元，兩者相加之後的總超額收益為6,516.73美元，這筆錢買進的新持股明細如下。1899年12月時，新買進股票的市值已經漲至9,208.11美元，詳細內容如下：

公司	持股數	1899 年 12 月 31 日 市值	金額
西聯電報公司	8	85	$680.00
美國運通公司	8	146	1,168.00
富國運輸快遞公司	5	125	625.00
芝加哥與西北鐵路公司	6	159	954.00
芝加哥、密爾瓦基與聖保羅鐵路公司	7	117	819.00
普爾曼豪華車廂公司	7	183	1,281.00
德拉瓦、拉克瓦納和西部鐵路公司	9	88	792.00
亞當斯運輸快遞公司	4	113	452.00
債券			
紐約中央鐵路公司發行年利率 3.5% 債券，1997 年到期	$775.00	110.5	1961.38
亞當斯運輸快遞公司發行年利率 4% 債券，1948 年到期	400.00	103	412.00

現金	
可於 1900 年 1 月從事再投資之資金	63.73
1899 年 12 月 31 日總價值	**$9,208.11**

他原始的股票投資金額為 1 萬 163 美元，收取收益並花掉 5.5% 之後，我們這位預設在 1880 年買進普通股的投資人，到了 1899 年 12 月 31 日的投資帳為：

測試四的持有部位在 1899 年 12 月 31 日的市值	$18,817.00
再投資額外收益的持有部位在 1899 年 12 月 31 日的市值，亦即補充測試四	9,208.11
1899 年 12 月 31 日持有部位總價值	$28,025.11
原始投資	10,163.00
扣除每年原始投資 5.5% 收益後，從事再投資之資本利得總額	$17,862.11

這表示，在這二十年間資本帳增值了 175%，換算成原始投資的平均年成長率，則為 8.7%。

本測試的基礎為債券殖利率 5.5%，和目前的情況相距不遠。標準每日交易服務的數據指出，在 1924 年的前九個月，十五檔投資級公用事業債券以市價計算的殖利率為 5.25%。

從1880年到1897年，美元的購買力持續上漲，
之後開始下跌，直到1899年。

那麼，如果我們相信，美元的價值從現在之後會
溫和上漲；如果我們相信，美國的幾大產業會像過去
二十年那樣持續發展，那麼，如同我們在補充測試四
中建議的再投資策略，在未來的二十年很可能創造出
和本測試期間相近的有利績效。

另一方面，如果我們認同某些出色的經濟學家，
同意目前看不到任何因素指向未來十年大宗商品的價
格會下跌，換言之，就是不認為美元的購買力之後會
進一步上漲，那麼，我們可以期待採取這樣的策略會
產生更有利的結果，比本測試中顯現的績效更好。

補充測試五：資本帳增值了 104%

測試五中的債券在整段測試期間的平均報酬率為
6.07%，[1]但我們的投資人在1866年時並無法預見這一
點。因此，在補充測試五中，我們容許他每年花掉從

1　請參見附錄A。

股票當中得到的收益（660美元）。他1866年從債券
中能得到的收益就是這個金額，在整段測試期間中，
股票創造出來的收益平均每年比債券多了53美元。

　　在這個大幅有利於債券的基礎上，再投資策略創
造出來的成果如下：

表13-3　補充測試五的額外報酬：1866-1885年

年度	原始投資的額外收益	新購入股票的股利	每年的總投資金額
1866	$433.00	--	$433.00
1867	466.00	24.00	490.00
1868	316.80	68.00	384.80
1869	358.30	102.00	460.30
1870	265.00	146.00	411.00
1871	310.00	170.00	480.00
1872	425.00	214.00	639.00
1873	306.00	255.00	561.00
1874	231.50	259.50	491.00
1875	101.25	316.50	417.75
1876	27.00	330.00	357.00
1877	92.00	371.00	463.00
1878	14.50	381.50	396.00
1879	69.00	366.00	435.00
1880	152.00	467.00	619.00

1881	140.00	494.00	634.00
1882	3.00	526.00	529.00
1883	-90.50	552.00	461.50
1884	-141.00	493.00	352.00
1885	-95.00	495.50	400.50
	$3383.85	**$6,031.00**	**$9414.85**

在這個範例中，他的額外收益有3,383.85美元，新買進的股票帶來的收益則有6,031美元，因此，他得到高於債券的超額收益達9,414.85美元，這筆錢買進的新持股在1885年12月時的市值如下：

公司	持股數	1899 年 12 月 31 日 市值	金額
紐約中央與哈德遜河鐵路公司	17	94.50	$1,606.50
大都會（馬車）軌道公司（波士頓）	34	91.50	3,111.00
劍橋煤氣燈公司	10	150.00	1,500.00
道格拉斯斧頭公司	18	84.00	1,512.00
劍橋（馬車）軌道公司	16	83.00	1,328.00
1886 年可從事再投資之現金			425.85
1885 年 12 月 31 日總價值			**$9,483.35**

他原始的股票投資金額為 1 萬 13 美元，收取收益並花掉 6.60% 之後，我們這位預設在 1866 年買進普通股的投資人，到了 1885 年 12 月 31 日的投資帳約為以下：

測試五的持有部位在 1885 年 12 月 31 日的市值	$10,936.00
再投資額外收益的持有部位在 1885 年 12 月 31 日的市值，亦即補充測試五	9,483.35
1885 年 12 月 31 日持有部位總價值	$20,419.35
原始投資	10,013.00
扣除每年原始投資 6.60% 收益後，從事再投資之資本利得總額	$10,406.35

這表示，在這二十年間資本帳增值了 104%，換算成原始投資的平均年成長，則為 5.2%。

這個測試的期間比任何期間都有利於債券，讓債券占盡了所有優勢，我們相信，也正是這個測試明確指出，投資分散得宜的普通股並搭配再投資額外收益的策略，確實有其價值。

重點回顧

● 當我們考慮股票的額外收益時,完全不去想這些是每年拿到的小額資金,而不是像我們在總計項下所顯示的一次一大筆錢。從技術面以及實際面來看,這正是驗證股票與債券作為長期投資媒介相對價值的最重要關鍵。

● 理論上來說,相較於購買一檔債券,股票於特定期間的額外收益,是因為買一檔股票要承擔額外風險,所換得的合理溢價。而我們可以藉由分散股票標的,消除這種股票與債券相比之下的風險。

● 忽略了貨幣購買力變動的一般大眾,低估了持有債券的相關風險。

● 藉由再投資額外收益以及因此產生的複利效應,能讓整體的投資資金增值。

● 當產業快速發展帶動通貨膨脹,導致美元購買力下滑時,股票能夠搭上成長便車增值。

14

投資管理：
挖掘獲利勝機

透過穩健投資管理，也就是了解當前產業環境，以及掌握前景最看好產業中各家企業的管理特色，必能為選擇產業與個股帶來助益。

　　我們之前提出的三項補充測試極具意義，指出了邁向投資管理的一大步，要踏出這一步，和投資人的行動有關。他必須握有適當的資料並不時拿出判斷力，明智投資他的額外收益。

　　買進債券時，投資人就把自己要做的日常投資管理工作降到最低。他接受了債券發行條件所約定的利率收益，並把備妥適當準備金來保護約定收益的所有責任，交託給發行公司，也交由發行公司判斷如何再投資這些準備金。事實上，投資人是把管理投資資金的相關事宜全數委託給發債公司。

　　發債公司做了所有管理工作，投資人就免除全部責任，只需要保有最簡單的紀錄即可，而為了補償發債公司所做的工作，投資人同意發債公司可以保留高於雙方合意報酬的額外收益。投資人不用自行準備準備金，也放棄所有他本可享有的準備金請求權。這些可以保障投資收益的額外儲備資金，嘉惠了他持債券公司的股東。

　　買債券的人是投資人，但是他不做投資管理，完全把投入的資金放著。因此，他相當於付了一大筆錢

給發債公司，要他們替他管理投資。有一項調查不同產業債券賣價差異的研究揭露了一件事，那就是投資人挑中的是獲利穩定的產業，不太需要企業做太多管理，如此一來，他就相當於支付高於平均水準的投資管理費用給發債公司。

這一點說明了「投資」與「投資管理」兩者的意義差別。「投資」指的是單一次的行動，隱含只有在投資的當下才運用上穩健的判斷；「投資管理」則是持續性的行動，隱含要持續地運用判斷力。投資管理包合了投資行動，但也包含很多別的任務。

在投資管理上施展拳腳

在某個時間點投入的資金，要追求的是當時顯然可見，或是可以預見條件下的某些報酬。而輔以適當管理的投資資金同樣也追求這份報酬，還要再加上因為投資管理運用得當，以及從事投資管理者有能力從事管理，因此獲得的另一份相對應的或大或小報酬。

投資管理任務繁多，我們的幾項補充測試只說明

了其中一項，而且還不是最重要的。

　　投資管理的工作包括找到平衡關係，適當分配可安心花用的收益，以及可以用來再投資以保護收益和讓投資資金增值的部分。投資管理的主要機會，就在於要能理解目前的經濟與產業條件，因為這些都會影響資金的投資部位。

　　在之前專談債券的部分，我們已經看到了長年下來，優越信貸條件的重要性並不高，反倒是利率走向、貨幣購買力等基本面因素大有影響。但我們還沒談到在較短期的經濟循環中從事投資管理的機會，比方說：如何在不同階段將代表股權的普通股轉換成到期債務投資，之後再轉換成普通股。過去早已有這類機會，若在很多定義明確的情況下善加利用，能為管理周延的投資資金帶來極大優勢。

　　穩健的投資管理會考慮各種經濟因素，以判定在某個時間點要將多少比例的資金配置到以普通股為代表的股票上，又有多少比例應該去購買以債券為代表的到期型債務，也會機警地去注意各項基本條件變化，因其能透顯出投資比例應有所調整。然而，投資

管理還要更進一步。

在我們所做的測試中，由於在選擇產業與個股時幾乎沒有做判斷，這使得測試的價值僅限於純研究觀點。但是，在實務上，透過穩健投資管理，也就是了解當前產業環境，以及掌握前景最看好產業中各家企業的管理特色，必能為選擇產業與個股帶來助益。

穩健的投資管理當然還是會有失誤，但是如果嚴守多元分散的原則，絕對可以提升平均投資績效。

但多元化也會分散過了頭。如果選定的證券太多、涵蓋太多產業、地點和管理團隊，任何負責管理資金的團隊或個人都無法隨時明察秋毫。一般都同意，人能持續做出明智判斷的事項有上限，所以，如果我們接受既定上限難以突破，會得到比較好的結果。

妥善管理投資的七大任務

因此，我們可以摘要出投資管理的主要職責為：

1. 首先，要針對投資人欲達成的目的提出穩健的

投資計畫。

　　2. 要決定資產如何配置，看看在目前的產業與經濟條件下要把多少比例的資金投入股票、多少比例的資金投入債券。

　　3. 接下來，要監督條件的變化，並做好準備，能因應條件變動修改前述的比例。

　　4. 要研究不同產業以及產業群的現況，並根據可靠數據挑出前景看好者，作為分散投資的標的範疇。

　　5. 檢驗中選產業內一流企業的管理與財務架構。

　　6. 監督產業與企業條件的變化，並預作準備，根據最新的可靠分析資料更動投資。

　　7. 要以多元分散作為根本原則，但要設定合理的分散上限，以免降低管理品質。

　　這不是件容易的事。一位負責任的投資人不僅追求自己的福祉，也要顧及不如他的其他人的福祉，他必須去評估自己在一個技術性極高的領域裡有多少經驗、受過多少訓練，也必須了解他有多少時間與技能可資運用以達成任務。

　　我相信，要能妥善管理投資，唯有靠著專業機構才能達成使命。他們擁有金融領域裡具備多元經驗和受過各式訓練的人才，而其唯一的目標就是持續地運用集思廣益得出的最佳判斷、選用最不會引發複雜混亂的管理方法，來監督可能由一大批投資人集結而成的單一投資資金。這樣一來，或許能得到最好的成果。

重點回顧

- 投資管理的工作包括找到平衡關係，適當分配可安心花用的收益，以及可以用來再投資以保護收益和讓投資資金增值的部分。投資管理的主要機會，就在於要能理解目前的經濟與產業條件，因為這些都會影響資金的投資部位。

- 針對債券的部分，我們已經看到了長年下來，優越信貸條件的重要性並不高，反倒是利率走向、貨幣購買力等基本面因素大有影響。

- 透過穩健投資管理，也就是了解當前產業環境，以及掌握前景最看好產業中各家企業的管理特色，必能為選擇產業與個股帶來助益。

- 穩健的投資管理當然還是會有失誤，但是如果嚴守多元分散的原則，絕對可以提升平均投資績效。但如果選定的證券太多、涵蓋太多產業、地點和管理團隊，任何負責管理資金的團隊或個人都無法隨時明察秋毫。

- 投資管理的主要職責有七項：

1. 首先，要針對投資人欲達成的目的提出穩健的投資計畫。

2. 要決定資產如何配置，看看在目前的產業與經濟條件下要把多少比例的資金投入股票、多少比例的資金投入債券。

3. 接下來，要監督條件的變化，並做好準備，能因應條件變動修改前述的比例。

4. 要研究不同產業以及產業群的現況，並根據可靠數據挑出前景看好者，作為分散投資的標的範疇。

5. 檢驗中選產業內一流企業的管理與財務架構。

6. 監督產業與企業條件的變化，並預作準備，根據最新的可靠分析資料更動投資。

7. 要以多元分散作為根本原則，但要設定合理的分散上限，以免降低管理品質。

附錄 A
信用良好債券的長期報酬

我們的整體研究在於比較不同產品的長期投資結果，檢視買進一批分散得宜的普通股與買進一批最保守的債券有何差異。而我們選擇的是鐵路公司第一抵押權債券，因為在1886年時，這些債券的殖利率最低，代表了以當時的信用狀況來看，這些都是備受肯定的債券。測試五與測試六的債券是從以下的列表中選出，全都是抵押權債券：[1]

---

[1] 這段期間的票面利率很高，支付年利率6%或7%的債券絕對不代表信用狀況不好，或是安全性不高。當時標準的投資級債券就是如此。

鐵路公司	年利率	到期年	參考附注	1886年買進價格
賓州鐵路公司	6%	1880	6.	$1,020
巴爾的摩與俄亥俄鐵路公司	6	1885	8.	1,000
伊利諾中央鐵路公司（Illinois Central Railroad）	7	1875	4.	1,060
費城與埃瑞鐵路公司（Philadelphia & Erie Railroad）	6	1881	7.	970
哈德遜河鐵路公司（Hudson River Railroad）	7	1870	1.	1,020
芝加哥、岩島與太平洋鐵路公司（Chicago, Rock Island & Pacific Railroad）	7	1870	2.	1,020
德拉瓦、拉克瓦納和西部鐵路公司	7	1875	5.	1,020
紐約中央鐵路公司	6	1883	9.	920
匹茲堡、威恩堡與芝加哥鐵路公司（Pittsburgh, Fort Wayne & Chicago Railway）	7	1912		1,000
紐約與哈林鐵路公司（New York & Harlem Railroad）	7	1873	3.	1,000
總投資金額				$10,030

附注

隨著債券到期並償付，做出新的投資如下：

償付年度	償付金額	再投資債券	價格
1. 1870	$1,000	中太平洋鐵路公司（Central Pacific Railroad）發行第一抵押權年利率6%（1895 年到期）債券	$950
2. 1870	1,000	中太平洋鐵路公司發行第一抵押權年利率 6%（1895 年到期）債券	930
3. 1873	1,000	聖路易與鐵山鐵路公司（St. Louis & Iron Mountain Railway）發行第一抵押權年利率 7%（1892 年到期）債券	985
4. 1875	1,000	莫里斯與埃賽克斯鐵路公司（Morris & Essex Railroad）發行第一抵押權年利率 7%（1914 年到期）債券	1,140
5. 1875	1,000	紐約中央與哈德遜河鐵路公司發行第一抵押權年利率 7%（1903 年到期）債券	1,110
6. 1880	1,000	芝加哥、岩島與太平洋鐵路公司發行年利率 6%（1917 年到期）債券	1,250
7. 1881	1,000	里海谷鐵路公司 (Lehigh Valley Railroad) 發行第一抵押權年利率 6%（1898 年到期）債券	1,340
	$7,000		$7,705

由於購買新債券的成本高出了 705 美元，必須從收益當中扣除。

8.	延展至 1935 年，年利率為 4%
9.	延展至 1839 年，年利率為 5%

債券收益

從上述債券收到的利息總共為 1 萬 2,860 美元，從中扣除 705 美元，債券淨收益為 1 萬 2,155 美元，這就是我們在測試五與測試六中使用的債券收益數值。

1885 年時調整後的持有債券部位市值為 1 萬 2,395 美元，與原始投資成本 1 萬 30 美元相比之下，獲利 2,365 美元。

收益明細如下（不考慮扣除 705 美元）：

1866-1869 年（含）	$660	每年收取
1870 年	645	
1871-1882 年（含）	640	每年收取
1883 年	635	
1884-1885 年	630	每年收取

扣除 705 美元用於再投資之後，平均殖利率為 6.07%。

附錄 B
高殖利率債券的長期報酬

　　為了避免讓人指控，我們特意選擇在1866年時，發行機構以**最低**殖利率賣出的債券，用不公平的手段偏袒普通股。因此，雖然我們知道，挑選低殖利率、違約風險低的債券是呼應目前一般人本金安全性認知的最好方法，但是我們還是選出第二批1866年時能購得、鐵路公司所發行的第一抵押權債券，選擇基礎是發行公司規模最大、到期年限最長，且用購買價格來算殖利率很高的債券。若中選的其中一檔債券因為某些問題而遭到收購，結果因此不可考，我們就剔除這檔債券，用另外一檔取而代之。

　　比較有利的第二張債券列表如下：

鐵路公司	年利率	到期年	參考附注	1866 年買進價格
匹茲堡、威恩堡與芝加哥鐵路公司第一抵押權	7%	1912		$1,000
南密西根與北印第安那鐵路公司（Michigan Southern and Northern Indiana Railroad）第一抵押權	7	1885	3.	940
密爾瓦基與聖保羅鐵路公司（Milwaukee & St. Paul Railway）第一抵押權	7	1893		800
馬里埃塔與辛辛那提鐵路公司（Marietta & Cincinnati Railroad）第一抵押權	7	1892	4.	860
巴爾的摩與俄亥俄鐵路公司第一抵押權	6	1885	5.	1,000
芝加哥與奧爾頓鐵路公司（Chicago & Alton Railroad）第一抵押權	7	1893		930
聖路易、奧爾頓與特瑞霍特鐵路公司（St Louis, Alton and Terre Haute Railroad）第一抵押權	7	1894		870
芝加哥與密爾瓦基鐵路公司（Chicago & Milwaukee Railway）第一抵押權	7	1898		850
紐約中央鐵路公司第一抵押權	6	1883	1.	920
費城與埃瑞鐵路公司第一抵押權	6	1881	2.	970
總投資金額				$9,140

附注

1. 延展至1893年，年利率為5%。

2. 1881年償付，再投資里海谷鐵路公司第一抵押權，年利率6%（1898年到期），價格為1,340美元。

3. 1885年償付，再投資湖岸與南密西根鐵路公司第一抵押權，年利率7%（1990年到期），價格為1,290美元。

4. 該公司1877年6月時交由破產管理，以1,010美元出售債券，再投資埃瑞鐵路公司第一抵押權，年利率7%（1897年到期），價格為1,130美元。

5. 延展1935年，年利率為4%。

然而，必須從總收益扣除750美元的再投資資金。

從1866年到1882年（含）每年的收益有670美元，1883年為665美元，1884與1885年為660美元。

總收益	20年總金額為 $13,375
扣除再投資的資金	750
淨收益	20年總金額為 $12,625

	平均每年為 $631
以原始投資金額 $9,140 換算的殖利率	6.9%
1885 年時債券市值	$12,140
原始投資金額	9,140
本金增值	**$3,000**

就一個能預見債券長期價值的投資人來說，這很可能是他在 1866 年時能做出的最佳債券投資。這一組的債券價格上漲，是因為 1866 年利率普遍不高，到了 1885 年時更來到較低水準，另外也因為這些債券本身的信用評等改善。這些債券不僅隨著整體債券市場水漲船高，也在其中脫穎而出。

把這第二張債券清單套用到我們的測試五和測試六，取代之前選用的較保守債券，會得出下列結果：

表 B -1　測試五：第二張債券清單

	債券	股票
總收益	$12,625	$16,563.85
1885 年的價值	12,140	10,936.00
	$24,765	$27,499.85
1866 年的原始成本	9,140	10,013.00
總利得	$15,625	$17,486.85

股票優於債券的淨績效		$1,861.85

表 B -2　測試六：第二張債券清單

	債券	股票
總收益	$12,625	$13,169.00
1885 年的價值	12,140	10,326.00
	$24,765	$23,495.00
1866 年的原始成本	9,140	9,987.00
總利得	$15,625	$13,508.00
	13,508	
債券優於股票的淨績效	$2,117	

附錄 C
債券的本金價值消長

　　在測試一、二、三裡，我們假設投資人整段期間
內都能得到完整收益，亦即，以1901年1月投資級債
券的價格來說，收益率是3.95%，而且，投資人不會
損失任何本金。但是，1922年12月投資級債券以
4.88%的殖利率售出，殖利率上漲，代表債券價格下
降。熟知債券基礎殖利率如何計算的人都知道，如果
沒有設定債券的假定到期日的話，就算不出本金的損
失。因此，我們完全往好處想，假設債券的本金不虧
損，那麼唯有持有債券到期滿日，並於1923年1月1
日獲得全額償付，才能滿足上述假設。

　　然而，在測試四中，我們不能假設投資級債券投

資人的本金沒有增值，因為這些債券在1880年1月賣出時的殖利率將近5.5%，到了1900年1月時，賣出的殖利率為4.11%，這代表了本金明顯增值。

因此，我們應該檢驗看看，1880年1月買進、持有到1899年12月的十檔債券殖利率，以及投資資金有何變化。

我們選出的債券，不僅1880年時仍存在、且出現在1866年到1885年的類似測試裡，如附錄A和測試五與測試六相關部分所述。我們假定這些在1880年1月購入債券如下，全都是鐵路公司第一抵押權債券。

表C-1　債券清單：1880年

鐵路公司	年利率	到期年	參考附注	1880年買進價格
巴爾的摩與俄亥俄鐵路公司	6%	1885	4.、10.	$1,080
莫里斯與埃賽克斯鐵路公司	7	1914		1,260
賓州鐵路公司	6	1880	1.	1,020
費城與埃瑞鐵路公司	6	1881	2.、9.	1,030
中太平洋鐵路公司	6	1895-1899	8.	2,164
紐約中央與哈德遜河鐵路公司	7	1903		1,230

紐約中央鐵路公司	6	1883	3.、5.	1,045
匹茲堡、威恩堡與俄亥俄鐵 路公司 （Pittsburgh, Fort Wayne & Ohio Railway）	7	1912		1,240
聖路易與鐵山鐵路公司	7	1892	6.、7.	1,150
總投資金額				**$11,219**

　　1880年，投資收益是650美元，以投資金額的收益率來算為5.8%，相較之下，測試四設定的收益率為5.5%。但且讓我們試著跟隨這些債券的歷史，在債券期滿償付時找到合理的替代品，若是債券展期，則在展期之後持續持有。

附注

　　以下各段前方的數字，對應的是表C-1中，「參考附注」裡的數字。

　　1. 債券在1880年償付，得到的收益再投資一張芝加哥、岩島與太平洋鐵路公司第一抵押權，年利率6%（1917年到期），成本為1,250美元，另外尚須補

上250美元投資款。

2. 債券在1880年償付，得到的收益再投資一張里海谷鐵路公司第一抵押權，年利率6%（1898年到期），成本為1,340美元，另外尚須補上340美元投資款。

3. 1883年時，債券延展至1893年，年利率5%，影響到1883年的票息。

4. 1885年時，債券延展至1935年，年利率4%，影響到1886年的票息。

5. 參照前述附注3，1893年時債券延展至1905年，年利率4%，影響到1893年的票息。

6. 1892年時，債券延展至1897年，年利率5%，未影響到1892年的票息。

7. 參照前述附注6，1897年時債券延展至1947年，年利率4.5%，影響到1897年的票息。1899年時這一批債券被贖回，得到的收益再投資巴爾的摩與俄亥俄鐵路公司債券，年利率3.5%（1925年到期），價格96美元。

8. 公司於1899年重整，每一張持有債券可獲得：

年利率4%（1949年到期）債券1,000美元、年利率
3.5%（1929年到期）債券50美元、現金29.17美元
（1899年2月至8月1日利息）。

9. 1898年時，債券延展至1948年，年利率4%，
影響到1898年的票息。

10. 公司重整，可換得：年利率3.5%（1925年到
期）債券1,025美元、年利率4%（1948年到期）債券
125美元、140美元特別股、現金10美元（1898年4
月1日至7月1日利息）。

前述這些附注，指出了投資當下，以投資金額計
算殖利率為5.8%的債券投資，無法在整段投資期間
內保有預期的殖利率。

1880年12月31日的投資金額為1萬1,219美元，
到了1881年時漲至1萬1,809美元，1898年時跌至1
萬1,609美元。

要持續保有完整的債券投資本金是不可能的事。
以投資金額計算的每年收益率一開始為5.8%，之後
慢慢下跌，到了1899年時為4.75%。在整段期間的平

均投資報酬率為 5.17%，相較之下，我們在測試四中假定的數值是 5.5%。

1880 年的持有債券原始市值	$11,219
額外投入的投資金額	590
最高投資金額	$11,809
1899 年 12 月的持有債券市值	$11,536
從投資當中收到的現金	200
1899 年 12 月持有部位總價值	$11,736
債券資本損失	$73

　　因此，我們在測試中假設債券在整段期間內的報酬率可達 5.5%、投資金額沒有損失或利得，此舉並沒有偏袒股票。

致謝

　　雖然用來闡述這些研究的說明很簡短，但是執行研究的時間很長，作者希望在此表達謝意，感謝許多人加入討論並提供支持協助。他們主要是進行研究的武德洛公司（Wood, Low & Company）員工，以及波士頓斯卡德、史蒂文斯和克拉克公司（Scudder, Stevens & Clark）的西奧多・斯卡德（Theodore T. Scudder）和哈文・客拉克（F. Haven Clark）。

　　他們並未在完成本書後就停止合作，反而更進一步根據研究揭示的某些投資管理基本原則，繼續建構實務計畫，以負責任的態度為投資人提供服務。

　　本書多數表格由畢肯（W. C. Beecken）先生編纂。

長線投資獲利金律
Common Stocks As Long Term Investments

作　　者　艾德加‧羅倫斯‧史密斯
譯　　者　吳書楡
主　　編　呂佳昀

總 編 輯　李映慧
執 行 長　陳旭華（steve@bookrep.com.tw）

社　　長　郭重興
發行人兼
出版總監　曾大福
出　　版　大牌出版 / 遠足文化事業股份有限公司
發　　行　遠足文化事業股份有限公司
地　　址　23141 新北市新店區民權路 108-2 號 9 樓
電　　話　+886- 2- 2218-1417
傳　　真　+886- 2- 8667-1851

印務經理　黃禮賢
封面設計　陳文德
排　　版　新鑫電腦排版工作室
印　　製　通南彩色印刷有限公司
法律顧問　華洋法律事務所　蘇文生律師

定　　價　380 元
初　　版　2021 年 6 月
有著作權　侵害必究（缺頁或破損請寄回更換）
本書僅代表作者言論，不代表本公司／出版集團之立場與意見

國家圖書館出版品預行編目資料

長線投資獲利金律 / 艾德加‧羅倫斯‧史密斯 作；吳書楡 譯. -- 初版.
　-- 新北市：大牌出版；遠足文化事業股份有限公司, 2021.06
　　面；　公分
　譯自：Common stocks as long term investments
　ISBN 978-986-5511-99-9（平裝）

　1. 股票投資　2. 投資分析

563.53　　　　　　　　　　　　　　　　　　　110005572